はじめに　講義の目的と内容

講義の目的と内容

(1)　本講義は国際法学―国際公法学―の講義である。国際法学の範囲は、法律学の中で最も広く、多岐にわたっている。その全てを一講義で且つ一年間で扱うのは無理である。

そこで本講義では、重箱の隅をつつくようなことはせずに、国際社会を法的視点で理解できるようになることを目指そうと思う。特に国際社会全体を鳥瞰または俯瞰的に見ることができ、ひとつの社会現象が全体の中で持つ意味を理解し、法的な視点から考えられるようになればよいであろう。もちろんこれは一朝一夕にできるものではないが、何度も繰り返すことによって誰もができるようになるものである。

(2)　講義内容は、本書の目次に記載しておいたが、これらは国際法学のほんの一部に過ぎない。市販されている独学用のテキストと比べれば、よくわかるであろう。

おそらく国際法学の将来は、国内法と同様に各分野の法に細分化され（例えば、海洋法、宇宙法、国際人権法、国際人道法、国際環境法、国際経済法、国際機構法、武力紛争法、国際手続法など）、それぞれの分野でそれぞれの法体系が構築されて行くと考えられる。また国際公法と国際私法との従来の境がなくなってくるであろう。

このような傾向を考慮して、本講義は各分野に共通する基礎事項に重点をおくことにした。国際法学が細分化されたときの総論に該当する部分である。これをしっかりと習得しておけば、将来の変化にも充分に対応できるはずである。基礎なくして発展はありえないからである。

(3) 本書には、文献の記載がほとんどない。受講生自らが図書館に行き、調べることで、数多くの書籍に出会うはずである。そこから次々に新しい展開を見出すことができよう。それを期待している。

著者記

2009年12月17日

目　次

第1章　国際法の成立形式と国際社会

本章では、国際法の成立形式と国際社会の認識について、簡略に述べる。但し、今日の国際法の大部分を占める条約については、若干詳しく記述し、国際社会史の多くを占める戦争に関して、戦争観念の変遷を取り扱い、また現代国際社会の認識と、それが反映される国際法と国内法との関係についても言及する。

1．国際法の成立形式

国際法は、慣習国際法（不文国際法）と条約（成文国際法）からなる。近年では、ソフト・ロー（soft law）の観念を主張する研究者も現れてきたが、伝統的には前二者である。

１－１．慣習国際法

慣習国際法の成立には、一般的慣行と法的信念を必要とする。

１－１－１．一般的慣行

一般的慣行とは、主要国を含む諸国家の一様な作為または不作為が繰り返されることで成立する。一般的慣行の成立に関しては、一貫して反対し続けた国にも拘束力を有するのか、という問題がある。その場合の反対国は少数であるが、従来は当該反対は慣習法の成立を妨げない、といわれてきた。しかし１９５１年の国際司法裁判所のノルウェー漁業事件判決では、一貫した反対国は当該慣習法によって拘束されないとした。この点は未だ議論されている。

また繰り返しの期間も議論されている。国際判例によっても継続的かつ統一的慣行を必要とするというもの（庇護事件）、その期間が短くても新しい慣習法の形成を妨げないとしたもの（北海大陸棚事件）があり、確定していないのが現状である。近年は、国際社会の緊密化・組織化の傾向を受けて、短期間での成立が指摘される傾向にある。

１－１－２．法的信念

法的信念とは、ある一定の行為が国家のなすべき法的義務として要求されているとする信念を意味する。

法的信念に関しては、その確認方法や時期の問題などについて、多くの批判を含む議論がなされてきた。これまでの歴史から慣習法の成立には、その時期の強国や大国若しくは多数国の力が働いており、他の諸国が当該慣習に同意することで、一般化または普遍化して慣習国際法（一般国際法）になると考えられてきた。この場合の同意が法的信念に該当するのである。

しかし、国際社会が多様化し、特に発展途上国などから、当該慣習国際法の成立時に参加していない国家に対して何故に法的拘束力を有するのか、といったような批判が提示されている。

同時に、今日の国際社会では、環境問題、資源問題など国際社会全体で取り組まなければならない問題が現れており、「国際社会の一般利益」または「国際社会の共通利益」、「国際公益」といった観念が主張され始めている。これらは一般国際法（慣習国際法）の成立を容易にする可能性を有しているとの考えもある。

１－２．条約

現代の国際社会は、多数の条約の集積によって成り立っているともいえる。条約は、国内法でいうならば「契約」に似た性質を持っている。しかし、契約は民事関係のものであるが、条約はその内容を見ると、単に民事的な性質を持つもののみならず、刑事的な内容を定めるようなものもある。そのような条約は多数国間条約に多い。条約に関するルールは『条約法に関するウィーン条約』(条約法条約)でまとめられた。

1－2－1．条約の概念

①広義の概念(国家または国際組織間においてなされる合意であって法的拘束力の有るもの)

条約(treaty)、協約(Convention)、協定(Agreement、Accord)、規約(Pact、Covenant)、憲章(Charter)、規程(Statute)、取極(Arrangement)、決定書(Act)、議定書(Protocol)、宣言(Declaration)、交換公文(Exchange of Notes)、交換書簡(Exchange of Letters)など。

※宣言には条約としての宣言とそうでないものとがあるので、個別に確認する必要がある。

②狭義の概念は、「条約」と呼ばれるものを意味する。

上記の名称の合意は、その効力についてはすべて対等である。そして、一般法と特別法、後法と前法の関係、という法の一般原則がそのまま当てはまる。

(1)『条約法に関するウィーン条約』(以下、「条約法条約」)

(i)　第2条1では、この条約の適用上、「条約」とは、国の間において文書の形式により締結され、国際法によって規律される国際的な合意（単一の文書によるものであるか関連する二以上の文書によるものであるかを問わず、また、名称の如何を問わない。）をいう。

(ii)　第３条では、文書の形式によらない国際的な合意について、ここでは、「これらの合意の法的効力」に影響を及ぼすものでないことを特に断っている。

(2)　条約の種別として

①立法条約（law-making treaty）とは、比較的多数の国家に対して共通する一般的な行動の原則を求めるものをいう。

②契約条約（contract treaty）とは、当事国の相対抗する意思表示を内容とするもの。（一度だけ、例えば国境画定条約、平和条約）

(3)　条約の当事国の範囲として

①一般条約とは、国際社会における多数の国家が参加するもの。

②特別条約とは、参加する国家が特別な場合、条約の当事国外の第三国の加入を認めるか否かで次の分類が可能である。

(a)　開放条約（無条件で第三国の加入を認めるものと、第三国の加入を一定の条件にかからしめるものとがある。スエズ運河の国際化に関するコンスタンチノープル条約など。）

(b)　閉鎖条約（OPEC協定、NAFTAなど）

1－2－2．条約の成立要件

(1)　当事者が条約を締結しうる能力を有するものでなければならない。

通常の独立国は条約締結能力を有している。また国際組織も一定の範囲内において、条約締結能力を有している。

(2)　条約締結の任に当たる代表者が正式にその国家を代表し、条約を締結する権限を有していること。

代表者は原則的に国内法に委ねているが、国内法によって条約締結権を与えられていない者のなした合意に対しても、国際法が直接条約としての効力を認める場合も全くないわけではない。例えば、戦時において、交戦国の軍指揮官が締結する休戦規約、降伏規約など。

(3)　違憲の条約には次の二つの場合がある。

(i)　内容上違憲の条約は、正規な手続を経ている限り、国際法上有効

(ii)　手続違憲の条約については学説が分かれる

①有効説（憲法上の手続は国内的な意味しか持たない為）。

②違憲手続による条約は全て無効（国際法は条約締結のための当該国家の国家意思をどう形成するかを国家に委任している為）。

③問題となる憲法上の手続如何によって有効・無効を判断

※条約法条約第46条１では、違反が明白でありかつ基本的な重要性を有する国内法の規則に係るものである場合のみ例外として無効としている。

(4)　条約が有効に成立する為に、条約締結の任に当たる代表者自身に瑕疵のないこと。

条約法条約第52条は、「国際連合憲章に規定する国際法の諸原則に違反する武力による威嚇又は武力の行使の結果締結された条約は、無効である。」として、国に対し強制が加えられた場合も、無効であるとする。

(5)　条約は違法なものであってはならない。

当事国以外の第三国に関係する場合であって、第三国に直接義務を課したり、権利を剥奪する事

を内容とする条約は、違法となる。国際法上の強行法規（強行規範／jus cogens）に違反する内容の条約を締結する場合も同様である。

1-2-3. 条約の成立手続

⑴ 交渉がある。交渉に入る為には、代表者はその権限を証明する為の全権委任状が必要。以下例外。

①「全権委任状の提示を要求しないことを関係国が意図していたことが関係国の慣行またはその他の状況から明らかである場合」

②「条約の手続に関するあらゆる行為について、元首、政府の長及び外務大臣」

③「派遣国と接受国との間の条約文の採択については、外交使節団の長」

④「国際会議または国際機関もしくはその内部機関における条約文の採択については、当該国際会議または国際機関もしくはその内部機関に対し国の派遣した代表者」

以上は、全権委任状がなくとも、国家を代表する。

⑵ 署名がある。条約文が採択されると、当事国の代表によって署名が行われる。

①条約文が正式に確定された事を認証する場合

②確定された条約により拘束される事への国家の同意の意思を表明する場合

※署名のみで条約が成立するかでは学説が別れている

(3)　批准がある。当事国の国家代表が作成し署名した条約の内容に対して、当該国家において、憲法上条約締結権限を与えられたものが検討を行い、最終的に同意の意思を確定すること。

批准期間がおかれるのは以下の理由である。

①署名を行った国家代表が、果たしてその権限の範囲内において適切な行動をしたかどうかを審査し、条約内容全体を検討しうる機会を持つこと。

②憲法上条約の締結に国会などの同意が必要とされている場合において、その同意を得る機会を持つため。

(4)　加入がある。条約が発効した後に、第三国が条約の当事国となるために行う意思表示である。これは、条約の当事国となるために行われる意思表示であって、批准と異なり、署名を前提としないでなされる場合がある。

(5)　登録がある。秘密条約を防止しようという趣旨から、国際連盟規約によって初めて規定されたものであり、「as soon as possible」（なるべくすみやかに）行なうこと。

1-2-4. 条約に対する留保

多数国間条約においては、自国に対する条約の適用を制限するため、締約国によって留保が付される事がある。

(1) 目的（条約法条約第2条1）

「条約の特定の規定の自国への適用上その法的効果を排除し又は変更する事を意図して」、できるだけ多数の国家を条約に参加させようとする趣旨。

留保は普通署名の時であるが、批准の際も認められている。その時、理論的には条約の新たな申し込みといった性質を帯びる。

(2) 条約の留保に関して特に問題となるのは、ある国家が一定の留保を行って条約に参加する場合、他の当事国の中で、肯定するものと反対するものとが分かれた場合、どうするか。「全員同意原則」（国際連盟当時まで）

条約法条約19条は、いずれの国も、次の場合を除くほか条約への署名、条約の批准、受諾若しくは承認又は条約への加入に際し、留保を付することができると定める。

(i) 条約が当該留保を付する事を禁止している場合

(ii) 条約が、当該留保を含まない特定の留保のみを付することができる旨を定めている場合

(iii)　(i)及び(ii)の場合以外の場合において、当該留保が条約の趣旨及び目的と両立しないものであるとき

(3)　留保に対する他の締約国の受諾および異議の申入にともなう法的関係

(i)　通常の条約で、趣旨および目的から見て、「全ての当事国の間で条約を全体として適用することが条約に拘束される事についての各当事国の同意の不可欠の条件である事」が明らかである時は、留保について全ての当事国の受諾が必要（条約法条約第20条２）

(ii)　そうでない場合について

①他の締約国によって留保が受諾された場合は、留保国はその条約の当事国（第29条４）

②異議の申入がなされた場合は、条約の効力が生じないとするのも可能

※「解釈宣言」…自国の状況に合わせて解釈する

(4)　留保の規準

従来は留保が認められており、それには相互主義が適用されていた。しかしジェノサイド防止条約などの留保になじまない条約が多く出来て来ると、「条約の目的と両立する留保」という規準が条約法条約で規定された。

1-2-5. 条約の効力

(1) 条約の効力のおよぶ範囲は、条約の締結に参加した当事国の間のみに限られ、第三国におよばないのが原則。これは、絶対的ではない。

例、国際運河に関するコンスタンチノープル条約、ヘイ・ポンスフォート条約

(2) 条約法条約第36条1では、原則として同意を必要とすると共に、「同意しない旨の意思表示がない限り、第三国の同意は、存在するものと推定される。」

これに反し、条約によって直接第三国に義務を課すことは一般にはできない。承諾は書面による(第35条)。

1-2-6. 条約の改正

条約の改正は原則として、条約の締結と同一の手続により条約当事国全部の同意によって行われる。ただし、一定数の国家でも認める場合がある。

例、国際連合憲章は、三分の二の多数によって可決された改正案など。

１‐２‐７．条約の終了

以下の場合に条約は終了する。

(1)　当事国の意思によらない場合

当事国の消滅、目的の消滅、条約の事実上の消滅などには、原則として当事国の合意が必要

(2)　当事国の意思にもとづく場合

(3)　条約を廃棄しうる場合

①当事国の一方が条約上の義務に違反した場合（条約上の不可欠な規定に違反する場合のみに限定するのが適当）

②条約法条約は「重大な違反」に限って認めている（第60条）

(4)　事情変更の原則

当事国が条約締結当事それを予見していたならば、条約を締結しなかったであろうような事情のいちじるしい変化（条約法条約第62条）

１‐２‐８．条約の改正

条約は当事国の行為によって改正される。通常は条約中の改正手続きに従う。

１－２－９．第三国に対する効力

原則として条約は当事国間のみを拘束する。ただし今日のように国際関係が相互に緊密化してくると、当事国ではない第三国に係わる場合も出てくる。

条約法条約では、以下の規定を置く。

①第三国に義務を化す場合は当事国の書面による同意を必要とする。

②第三国に権利を付与する場合は、特に規定のある場合を除いて、当該条約に同意しない趣旨の意思表示がない限り当該第三国の同意が存在するものと推定する。この場合、当該国が当該権利を行使するならば当該条約を遵守しなければならない。

１－２－１０．条約の無効

条約法条約は、無効原因を８つ列挙している。

①国内法違反が客観的に明かであり、基本的な重要性を有する場合

②締結代表者の権限欠如の場合

③条約締結の不可欠の基礎である事実または事態に関する重大な錯誤で自国の行為でない場合

④詐欺にあった場合

⑤国の代表が買収された場合、以上が無効原因として援用できる。

次の3つの場合が判明したときに条約は無効となる。
①代表者に対する強制（脅迫）
②国に対する強制（武力による威嚇など）
③一般国際法の強行規範との抵触（強行規範の内容に論争あり）
紛争は平和的解決によるものとする。

1-2-11．条約の終了

①当事国の同意に基づく終了
②当事国の要求に基づく終了（後発的理由で履行不可能になるなど）

2．戦争観念の変遷

わが国も含まれる第二次世界大戦後の国際社会は、いかなる土台または大枠に基づいて存在しているのであろうか。それを作り上げているものの一つが戦争観念である。

ここでは戦争観念の変遷を知ることで、わが国の戦争責任を考え、現代国家社会の考え方を明確にする。結果、現代国際社会の拠って立つ土台（観念・思想）を認識する。

2-1．戦争観念の変遷

①戦争の日常茶飯事であった時代（戦争を明確に意識していなかった）
②正当戦争論（人間が戦争を明確に意識した）
③無差別戦争観（正当戦争論の問題点の噴出）
④戦争違法化の萌芽（戦争を違法化しようとする動き）
⑤侵略戦争違法観（戦後の支配的戦争観念）

2-1-1．正戦論から無差別戦争観へ

近世初頭……・戦争を、正戦と不戦争とに区別（正戦論）
18世紀中葉以降…・正・不正と判定することではない（無差別戦争観）
第1次世界大戦後…戦争違法観の具体化

(1)　正戦論

古くは、ギリシアのアリストテレスやローマのキロケ等がそうした区別をしていた。

実効の面では、ローマの〝ユス・フェアキーレ〟に基づく一定の儀式による慣行。正しい戦争と

認められたときのみ開戦。

正当原因は、①条約や休戦・講和条件の侵犯、②同盟国に対する攻撃、③中立違反等で、この段階においては、理論化され正戦論といったかたちで展開されてはいなかった。

中世において、キリスト教の神学者達によって戦争の区別が理論的に重要な問題として論議される。これが、近世初頭の国際法学者によって形を変えて引き継がれた。

(i) その背景

紀元3世紀ごろまでは、全ての戦争が教えに反する。しかしキリスト教がローマで国教化されると、公教会は、教徒が兵士となることを次第に是認せざるを得なくなる。

そこにゲルマン進入が生じ、戦争を否定しつづけることが困難になる。そのため、教えと矛盾することなく戦争を正当付ける必要が生じる。結局アウグスティヌスによって、正戦論が展開される。そこで次の場合のみ、戦争は許されることになった。①他の手順がなく、特別の必要がある場合、②正当原因がある場合。ここにいう正当原因とは、(ア) 悪しき行為を行なった臣下を処罰するのを怠った都市あるいは団体を懲らしめる必要があるとき、(イ)不当に奪われた者を回復すること(イシドールス「グラティアーヌ法令集」、トマス・アクィナス「神学大全」)を意味していた。

近世の初頭において、近代国際法についての思索が始められた当時、中世の影響を受けて正戦論が展開されていた。以下、グロティウスにおける区別基準である。

戦争の正当原因として、①自己防衛、②財産の回復、③処罰。

不正な戦争として、①より豊かな土地を求めるための戦争、②発見を理由に他の属する土地を奪うための戦争、③従属する人の自由を求めるための戦争、④意思に反して他の人を支配するための戦争。

(2) 二つの正戦論の相違

中世の正戦論では、キリスト教的正義の擁護の面から戦争の正当性を主張。

近世初頭の正戦論では、国際法上の権利を維持・防衛のための戦争が正戦。

これらの現実への適用問題は以下の通りである。

中世の正戦論の場合、①道義的にとらえられていた、②ローマ法王やローマ皇帝という普遍的権威を背景としていた、③一方が正しければ他方は悪しきものとなり、きわめて機械的に理解されていた。

近世初頭の正戦論の場合、①直接当時の政治現実への適用を予想していた、②超越的な権威は存在しない、③主権的な平等の立場に立つ国家が相互に対決。

現実への適用過程における重要な問題として、交戦当事国の双方を正当と認め得る場合がある。すなわち16世紀頃から「克服しえない無知」の理論である。これは、「たとえ、悪しき原因に基づいて戦争であっても、自ら正しいと信じ、それが不可避的な事情による事実の無知に基づく場合には、法律は正当原因がある場合と同じようにみなされなければならない」という理論。

そこで正戦論の厳格な適用は、平等な立場を主張する主権国家の併存という現実の政治状況との妥協によって緩和されるようになった。

まず、戦争が「克服しえない無知」に基づくのかどうかを誰がどのように決定するのか。正戦論ではローマ法を判定者として予定していたが、現実には不可能であった。そこで国家を超えた判定者を認めない（認められない）主権国家相互の関係においては、自己の正当を主張する限り正当となる。そのため、正戦論は、正当原因の問題を離れた形式的な合法性の問題へ切り替わった。その結果、手続に従って戦争をする限り合法という無差別戦争観が主張されるようになる。

(3)　無差別戦争観

18世紀になると、正戦論に代わって無差別戦争観が支配的な見解となった。戦争においては、いずれを正・不正と判断することはできないとし、交戦当事国の立場を平等なものと見る（戦争を、一種の決闘のようなものとみなす）ようになった。

但し、国家を越えた上級の判定者が存在しない国際社会においては、正戦論を現実に適用できないとする点に力点があり、必ずしもすべての戦争を肯定するものではなかった。少なくとも、自助の手段、国際紛争を解決するための最後の手段としてのみ肯定するとみていた。そのため、国家が自らの判定に基づいて行なう戦争は、事実上一般に合法化されるということになる。

第一次世界大戦前には、実定国際法上においても戦争開始の手続や戦争遂行過程における交戦法規の制定に重点が置かれていた。すなわち、どのように戦争を行うかということが問題の中心であった。

(4)　戦争の違法化とその展開

前述のように、戦争が自助の手段、国際紛争を解決するための最後の手段として一般に合法性が認められていたため、結局は事実上すべての戦争を認めるのに等しいものとなった。

ゆえに、自助の手段、国際紛争を解決するための最後の手段として戦争に訴えることを制限する動きが現れてきた。

第一次世界大戦前において、20世紀に入ると限られたかたちで戦争の違法化が現れ始めた。

①１９０７年には、第二回ハーグ平和会議で「契約上の債権回収のためにする兵力使用制限に関する条約」（ポーター条約）が作成された。

これは、ラテン・アメリカ諸国が提唱。私人との契約履行のために本国が武力を用いて介入することを排除する（兵力行使そのものを禁止）。国際紛争を解決するために武力に訴えることを直接制限しようとした最初の条約である。

②１９１３年～１９１４年には、「ブライアン条約」(二国間条約)

これは、アメリカの各国間条約。一定の紛争を常設国際委員会に付託することが義務的なこととされ、委員会の報告がなされるまでは兵力の使用を禁止する。後に、国際連盟規約第12条でも認められた。一定期間の戦争のモラトリアムとなる。

２‐１‐２．国際連盟規約と戦争の違法化

(1)　国際連盟規約において直接戦争を制限しているのは、第12条、第13条、第15条の規定である。

第12条第１項：紛争を仲裁裁判所または司法的解決が連盟理事会による審査を通さなければならない。

同項後段：判決や報告がなされたあと、三ヶ月の冷去期間を経過するまでは戦争に訴えてはならない(戦争のモラトリアム)。

第13条４項：判決に服する当事国に対して、他方が戦争に訴えてはならない。

第15条６項：連盟全理事国の同意を得た勧告に従った当事国に対して、他方は戦争に訴えてはならない。

しかし、戦争違法化との多くのギャップがあった。これらは、手続上の問題として取り上げられ

ているだけである。

この当時の「戦争」のテクニカルな意味：当事国のなんらかが戦意を表明することによって成立する法状態。

(2) 1923年の「相互援助条約案」

ここで、「侵略戦争は国際犯罪である」ことが初めて宣言される。しかし、条約案第1条では勧告や判決を受託しなかった国に対して行なう戦争は侵略戦争とみなされないとし、また「侵略」の定義もない。

条約案の目的が、連盟規約第10条と第16条の適用を容易ならしめることにあったため、戦争制限について進歩はなかった。

(3) 1924年の「国際紛争平和的処理議定書」(ジュネーブ議定書)

同条約第2条において、侵略行為に抵抗する場合、連盟の決議に従って行動する場合を除き、戦争に訴えてはならないとされ、国際紛争を解決するために戦争を行なうことは許されなくなった。しかし実定法化しなかった。

(4)　１９２５年の「ロカルノ条約」
ドイツとベルギー、ドイツとフランスとの間に締結された国境不可侵の条約。第２条で、相手への攻撃、又は侵入し、あるいは戦争に訴えないことを約す。例外は、正当防衛の権利の行使と連盟規約第16条に基づく行動、並びに、連盟の理事会・総会決議の結果として行動、連盟規約第15条７項に基づく行動。

(5)　１９２７年の国際連盟総会決議
「国際間に発生するいかなる種類の紛争をも解決するために、あらゆる平和的手段が用いられなければならい」とする決議で、全会一致で採択。全ての侵略戦争も禁止。この内容は不戦条約に引き継がれる。

２‐１‐３．不戦条約と戦争の禁止の動き

(1)　正式名称は「国家の政策の手段としての戦争放棄に関する条約」(パリ規約)
提唱者は、仏外務大臣ブリアンと米国務長官ケロッグ。ゆえに「ブリアン・ケロッグ条約」ともいう。

当初、仏から米に対して米仏二国間条約として提案されたが、米の提案により多数国参加型の一般条約にすることとなる。

１９２８年８月27日、パリにて多数の国家によって採択、署名。（第二次世界大戦前は63ヶ国が参加）。

１９３３年10月10日、ラテン・アメリカ諸国にて「侵略と調停に関する不戦条約」（ラテン・アメリカ不戦条約）が締結される。これは「不戦条約」と実質的に同じ内容。

この不戦条約には終期についての定めが無く、法論理上は、今日においても妥当する現行法である。

不戦条約の内容は以下である。

第１条「締約国は、国際紛争解決のため戦争に訴うることを非とし、且つその相互関係において国家の政策の手段としての戦争を放棄することをその各自の人民の名において厳粛に宣言す。」

第２条「その性質又は起因のいかんを問わず」相互間に発生する全ての紛争又は紛議は、「平和的手段によるほかこれが処理又は解決を求めざることを約す」。

第３条「批准及び実施に関する手続規定」。

まず、第１条に言う「国家の政策の手段として」の戦争とは、国際的な立場に立ってなされる戦争と区別する意味で用いられたもので、国家が自国自身の個別的な利害関係に基づいて行なった戦争という意味。

次に条約中の「戦争」については、条約締結過程において特に取り上げて議論されてない。また条約締結の際、多くの国が自衛権を留保した。

(2)　１９３３年の軍縮会議では、ソビエト代表の見解は、戦争の放棄は他の国家に対する全ての軍事行動、並びに全ての暴力行為をも放棄することを意味していると述べている。

(3)　１９３１年の満州事変では、アメリカによる日中両国に対する不承認政策（スティムソン・ドクトリン）は、条約による禁止が戦意の表意を伴なわない武力行使にも及ぶという前提においてなされた。

アメリカでは、第一次世界大戦後の不戦条約締結前から、戦争放棄の運動が行なわれていた。ケロックがブリアンの提案を受けて、一般的な戦争放棄の条約を提唱した背景には、戦争放棄の運動がかなり大きな影響を及ぼしていた。その中で、放棄の対象とされたのは、通常の意味の国家間の武力紛争であって、テクニカルな意味での戦争でなかったとの見解もある。

しかし、不戦条約では全ての武力行使が違法とされたわけではない。以下の場合には合法的なものとして認められる。

①国際的な立場に立つ安全保障措置として行使される場合。（連盟規約16条による制裁、ロカルノ条約の保障義務）。

②条約に違反して武力を行使した国に対して武力を行使する場合。（条約前文：戦争に訴えて国

家の利益を増進する署名国は、本条約の供与する利益を拒否せらるべきものなること）。

③自衛権の行使に該当する場合。

このように、不戦条約は一定の範疇の戦争そのものを禁止し、違法な戦争と合法的な戦争とを区別する、新しい意味での差別戦争（正当戦争論）の観念をはっきりさせたものであった。

(4)　しかし、平和の維持という全体的な観点からは、若干の問題がある。

①戦争禁止の前提となる紛争の平和的処理義務については全く規定していない。第2条は、「平和的手段」以外に求めてはならないと規定しているだけであって、義務を課したものではない。

②違反に対する組織的な制裁も欠く。

ゆえに、戦争違法化の条約は、一面的であると批判は免れない。

3．国連憲章と武力行使の制限

第二次世界大戦後、侵略戦争違法観を担保する国際組織として出発した国際連合における武力行使の制限に関してみてみよう。

３‐１．第二次世界大戦後の国際連合憲章は、不戦条約の原則を踏襲すると共に、一歩を進めたということができる。

武力行使の禁止に触れているのは、憲章第２条の３項と第４項である。
第３項「全ての加盟国は、その国際紛争を平和的手段によって国際平和及び安全並びに正義を危うくしないように解決しなければならない。」
第４項「全ての加盟国は、その国際関係において、武力の行使を、いかなる国の領土保全又は政治的独立に対するものも、また、国際連合の目的と両立しない他のいかなる方法によるものも慎まなければならない。」

ここで注目すべきは、「戦争」という言葉ではなく、「武力による威嚇又は武力の行使」という表現になっている。つまり、不戦条約よりも禁止の範囲が広げられているのである。

一方、合法性が否定されていない武力行使は、①憲章第７章の集団措置としての武力行使、②憲章第51条の個別的又は集団的自衛権である。

3-2. 憲章第51条と自衛権

3-2-1. 個別的自衛権と集団的自衛権

自衛権とは、外国からの不法な武力攻撃から自国の法益を守るために緊急止むを得ない場合、それを排撃する権利。必要の限度を越えない限り、国際法上合法的なものとされている。

憲章第51条では、個別的自衛権と集団的自衛権という二つのカテゴリーが認められる。

①個別的自衛権は、直接攻撃を受けた国家が自らそれを排撃する。従来一般に自衛権と呼ばれていた。

②集団的自衛権は、自国と連帯関係にある他国が攻撃を受けた場合には、それを自国に対する攻撃と見做し、反撃することができること。

その背景としては以下の経緯がある。憲章第53条は、「地域的取極又は地域的機関によって強制行動がなされる場合には、予め安全保障理事会の許可が無ければならない。」と定めている。つまり、手続事項以外の事項については、常任理事国全部の同意投票が必要となる。換言すれば、常任理事国一国の反対で、強制行動は不可能となる。

サンフランシスコ会議において、特にこの点を問題にしたのは米州諸国。会議直前にチャプルペティク規約が署名されており、戦後相互援助条約を締結することが約束されていた。他に、アラブ連盟規約も署名されている。

そこで、自衛権であれば、憲章第53条による拘束を受けずに地域的取極に基づく相互援助義務を発動することができる、となった。

3-2-2．集団的自衛権発動のためには、どのような国家間関係の存在が必要か。

(1)　バウェットの考え方
他の国家に対する攻撃が自国の利益をも侵害する性質のものである場合、その本質は個別的自衛権が共同して発動される場合と同様である。
※しかし、それでは憲章第51条で二つの自衛権のカテゴリーを定める必要が無かったのではないか。

(2)　ゲンセンの考え方
集団的自衛権は、集団「防衛」の権利と呼ぶべき。つまり、いずれか一国に対して第三国が攻撃を加える場合に相互に援助することを約束すれば、そこに集団防衛の関係が成立する（他国防衛のための権利）。

(3)　国連憲章第1条1項

侵略行為その他の平和破壊行為には、集団的措置であたる。集団的自衛権は、第53条1項による拘束を避けるために設けられたもので、そこには一定の連帯関係を基礎としたうえでの援助という観念が念頭にあったということができる。

(サンフランシスコ会議第4小委員会議長のコロンビア代表「…地域的組織を維持する必要性と同一視されるもの…防衛の権利は…連帯性を打ち立てた国々にも及ぶ…。」と発言)

(4)　国際司法裁判所における「ニカラグァにおける及び同国に対する軍事的及び準軍事的活動」事件

1986年6月27日において、集団的自衛権が発動されるためには以下の二つの要件が必要であるとした。

①武力攻撃を受けたとされる国が攻撃を受けたことを自ら宣言する。

②攻撃の被害者たる国による要請がある。

3-2-3. 自衛権発動の要件

憲章第51条「加盟国に対して武力攻撃が発生した場合」の解釈について、以下のものがある。

(1)　多くの学者の見解では、自衛権発動を限定する意味を持っていない。外国からの武力攻撃の脅威がある場合に「先制的自衛権」のかたちで自衛権が発動されているのを排除するものではない。慣習国際法の下では、侵害の差し迫った脅威に対しても自衛権の発動は認められていた。第51条の目的は、集団的自衛権を認めることであり、自衛権発動の要件を制限する趣旨はない。

(2)　第51条の規定が認められた当時、既に自衛権は武力攻撃に対してのみ認められるという意識が一般になった。このようにみるならば、「武力攻撃が発生した場合」というのは自衛権発動の要件を規定したものとみるべき。

(3)　一般的に注意しなければならないことは、自衛権は、他の措置を取ることができない緊急止むを得ない場合にのみ発動しうる。自衛のために取れる措置は、攻撃を除去するに必要な限度に限られ、かつ攻撃の程度と均衡のとれたものでなければならない。

3-2-4. 自衛権に対する規制

憲章第51条は、自衛権の濫用を防止し、国際連合の集団安全保障措置との調整を図るために以下のような規定を設けている。「自衛権の行使にあたって加盟国がとった措置は、直ちに安全保障理事会に報告しなければならない。」また、自衛権の発動は「安全保障理事会が国際平和及び安全の維持に必要な措置をとるまでの間」認められる。

３-３. 地域的取極と敵国条項

３-３-１. 憲章第53条1項前段には、地域的取極に基づき、あるいは地域的機関によって強制行動をとる場合には、安全保障理事会の許可が無ければならないと規定されている。

また地域的取極として、米州相互援助条約第５条は「平和を危うくするおそれのある紛争若しくは重大な事態」に対して強制行動が発動されることもありえる、と定めている。

３-３-２. 同条後段では、第二次世界大戦中に連合国の敵国であった国の「いずれかに対する措置で、１０７条に従って規定されるものは、関係政府の要請に基づいて」国際連合が「この敵国による新たな侵略を防止する責任を負う時まで」例外として安全保障理事会の許可が無くても強制行動を取り得るとしている。

憲章第１０７条は、「憲章のいかなる規定も…署名国の敵であった国に関する行動でその行動について責任を有する政府がこの戦争結果としてとり又は許可したものを無効にし、又は排除するものではない。」と規定している。

※ここには「武力攻撃が発生した場合」という限定がない。集団安全保障措置の限界の一つをなしているということができる。

以上のように、今日では、自助や国際紛争解決のために個々の国家が武力を行使することは、原則として一般に禁止されている。

４．国際関係の認識

私達が国際法を理解するためには、その法が存在し機能している社会を認識しなければならない。認識とは「知ること」、「わかること」である。夫々の学問（社会科学）は自然に社会意識を行ないつつ、専門事項を相手に進められている。

しかし法学の分野では、一般にはこの点を意識して論じられることが多くない。換言すれば、そうしなくても法を学ぶことによって社会を認識することができるからである。法の内容そのものが社会の価値観の表れという側面を持っているからである。

国際法学の場合も同様であるが、ここでは国際関係論の理論を借用して、ひとまず法から離れ、国際社会認識を試みてみよう。その後に、国際法の内容と引き合わせて、再度考察することができれば、より一層理解が深まるはずである。

４‐１．国際関係のマクロ理論

これには現実主義、理想主義（制度主義）、構造主義が主なものである。以下がその概説である。

４‐１‐１．現実主義

これは、国際紛争を念頭におく「力の政治」の理論。紛争解決のためには政治・経済・軍事の「力」を利用する。

（1）勢力均衡論（１９５０〜60年代）

「力の政治」および「勢力の均衡」を重視。人間の「権力欲」の拡大として、「国力をめぐる闘い」である戦争が行なわれる。その際の規準は「国益」であり、特に国家安全保障である。そのために国々、特に弱国は「同盟」を形成する。勢力が均衡することで、「平和」が作り出される。

（2）覇権安定論（１９７０年代〜）

「覇権国」の存在に注目。覇権国によって国際社会は安定する。覇権国の条件として「国際公共財」の提供がある。たとえば自由貿易体制の確立、平和・安全の確保など。同時に覇権国には「見かえり」

が許される。例えば自国有利の国際ルールなど、しかし、国際公共財の提供には多大なコストがかかり、覇権国はそれに耐えられなくなる。その結果新しい覇権国が現れ、「覇権戦争」が不可避となる。

(3)　覇権循環論（１９７０年代～）

「覇建国の交代」＝「循環」に注目。各時代の覇建国を「世界大国」と呼ぶ。世界大国の条件として①島国ないし半島の国（海に向いている）、②内攻に競合がある（自由である）、③世界経済を主導する、④世界に対する戦略的組織（強大な海軍）を持つ。

(4)　ポスト覇権システム

これは従来、一カ国と考えられていた覇権国を、複数の国家が集まって覇権国グループを形成し、当該グループが覇権国としての地位に就くというものである。

《覇権国の循環》

時代	世界大国	挑戦戦争	挑戦国
16世紀	ポルトガル	西蘭戦争	スペイン
17世紀	オランダ	蘭仏戦争・スペイン戦争	フランス
18世紀	イギリス	ナポレオン戦争	フランス
19世紀	イギリス	第一次、第二次世界大戦	ドイツ
20世紀	アメリカ	冷戦	ソ連邦
21世紀	アメリカ中心のグループ？	？	中国？ EU？

※(2)(3)は「新現実主義」ともいう。

4-2-2. 理想主義（制度主義）

これは、国家間の友好・強調が国際平和をもたらすという「和の政治」を重視する。そのために、国際機関（組織）を国家間の友好・協調の現われと理解し、その機能強化を唱える。

(1) 国際統合理論（1950年～60年代）…諸国家の「統合」を模索する。

(i) 新機能主義理論

国家同士が「国家機能を共有する」。例えば経済問題を扱う国際組織が発展すると政治など他の分野も協力が促進される＝「スピル・オーバー仮説（波及仮説）」という。ＥＣからＥＵへの発展。

(ii)　相互作用主義理論（交流主義理論）

国家間（国民間）の communication やモノ・カネなどの transaction の交流によって、「我々意識」が芽生え、「安全保障共同体」が成立する。

(2)　新制度主義理論（１９７０年代～）…「相互依存」による協調体制を模索する。

(i)　相互依存論

「力」に代わって「協調」が武器になる。他国と協調できない国家は存在できなくなる。その原因として、①「国際関係の主体の多様化」、例えば多国籍企業やNGOなど、②「対外政策における優先順位の不在」、例えば軍事より経済問題が優先されるなど、③「軍事力の有効性に限界」、軍事力の使用が無意味または自国に不利益となる。

(ii)　国際体制論（レジーム論）

「協調」を「制度化」しようとする。そのような制度を「国際制度（レジーム）」という。例えばＧＡＴＴによる自由貿易体制がある。

4-2-3. 構造主義

マルクス主義の段階理論から生まれる。資本家と労働者の対立を、先進国と途上国の対立に置きかえる。

(1) 従属理論(1950年~60年代)

ラテン・アメリカ地域の分析に基づいて生まれる。先進国が途上国を自国の経済システムに組みこみ、途上国の経済余剰を搾取している。

(2) 構造的暴力論(1950年~60年代)

北欧の研究者によって生まれる。「暴力」を直接ふるうものがいなくても、そこに苦痛を感じるものがいれば「構造的暴力」が存在するとする。先進国が作り出した経済構造が構造的暴力として途上国の貧困問題を生み出しているという。

(3) 世界システム論(1970年代~)

中心国、準周辺国、周辺国による国家間の分業関係が構築されているという。中心国(先進国)は、準周辺国、周辺国から搾取し、準周辺国は周辺国から搾取すると共に中心国に対する防波堤の役割をになう。中心国は最先端産業、準周辺国は工業、周辺国は(中心国にとっては)衰退産業を引き受け、中心国優位の構造が作り上げられている。

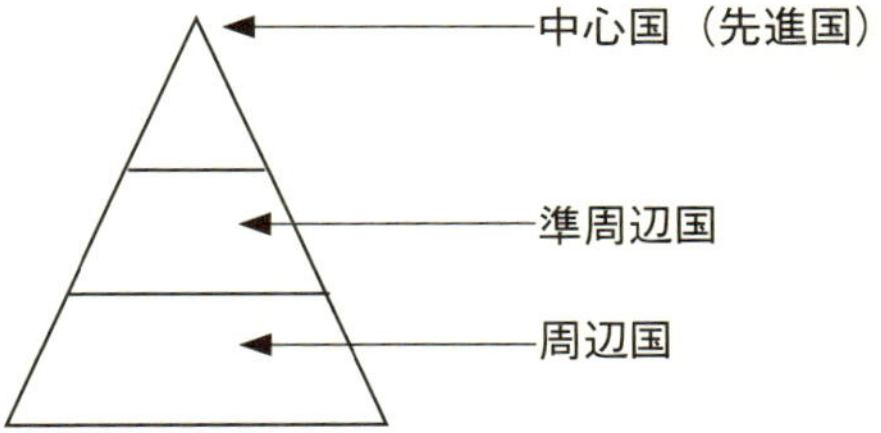

5. 国際法と国内法との関係

国際法と国内法との関係は、国際法学の基礎理論の一つである。

5‐1．国際法と国内法の関係は、どちらが優先するかと言った問題が出てくる。

伝統的には、①二元論、②一元論があり、一元論はさらに、国際法優位理論と国内法優位理論に分かれている。

二元論とは、国際法、国内法とが規律する社会をまったく別々のものと認識する。そのため、国際法を国内に適用させるには国内法として変形させなければならない（変形理論）。

国内法優位理論の一元論は、国際法は国内法に合わせなければならないとする考え方であり、それは国際法の成立の手続をする場合、国内法によって条約を締結する権限を与えられた国家機関の手によって作られるからだと言う。しかし次の理由でこの考え方は明らかに不当であろう。①国際法は単なる外部公法になってしまう、②国家の数だけ国際法が存在する、③国内法を変更しても国際法は存続する。

国際法優位理論の一元論は、次の理由で国内法が国際法に合わせるという。①革命によって国家が倒れても国際法的同一性が保たれること、②国家が国際法によって認めれた管轄権の範囲のみ統治作用を行えること、③国家がそれぞれ平等の立場であると言うこと、つまり、国際法に触れてしまう国内法はすべて無効となる。

5-2. 諸国の例

①イギリスは、二元論の立場をとる国家であるゆえに、「国際法は国内法の一部である」変形理論を採用する。

②ドイツは、「一般的国際法規」が「法律」に優先する。

③アメリカは、憲法に条約が州の憲法や法律に優先することだけを明示しているので、連邦法律との関係は判例によって判断し、後法優先の原則を認めている。

④フランス、オランダ、オーストラリアは、条約が憲法を変更させる効力を認めている。ただしそれには厳重な手続を要求している。

⑤日本は、憲法98条で国際法規を「誠実に遵守する」ことが定められているが、憲法や法律との効力関係は明示されていない。「誠実な遵守」と書かれていることから、法律には国際法が優先されると一般に理解されている。

5-3. 他の理解の仕方

従来の効力関係からではなく、国際法の形成過程に注目した場合、国内法と国際法とが相互に補完し合って、一つの国際的な法制度を作り上げる場合が見出される。

これは、巨大最先端科学技術と国際協力及びそれに伴う国家利益が絡み合う分野で顕著である。いわば、国際法と国内法の「相互補完関係」といえよう。

第2章　国際法の主体―国家―

国際法の主体には、法主体という概念と法人格という概念がある。前者は国際法上の権利義務を有すると共に国際法そのものを創造する存在であり、後者は法創造能力のない単なる権利義務の享受者である。

国際法学では、国家を法主体とし、国際組織を限定された法主体とし、一般に個人（私人）は法の客体と考えられてきた。近年になると、条約によって個人にも一定の権利を付与するようになり、その範囲内においては法人格を有することになる。

本章では完全な法主体である国家について概観する。

1. 国家主権観念の変遷

1-1. 国家主権観念の成立過程

1-1-1. 中世封建社会(ヨーロッパ)における「主権」の意味

フランスで10世紀頃からSovrain(現仏Souverain)という語が使われる。それは、「他の者より上位にあること」を意味し、「最高・絶対」ではなかった。

フランスで12世紀頃「主権者」という語が使われる。これは国王vs封建諸侯という関係の中で、一定領域内における上位にある者の地位を示す。このときも「最高・絶対」という意味ではなかった。

1-1-2. 中世封建社会の崩壊から近代国家の誕生までにおける「主権」の意味

統一的な国家を誕生させるためには、中央集権的な国家権力の確立が必要となる。そのために、①国内の封建諸侯の権力を奪い、②外部からの力(ローマ法王、神聖ローマ皇帝)の普遍的な権威を排除することが必要だった。つまり、国王を最高絶対の権力者として正当づけなければならず、その結果「主権」観念が、最高・絶対の権力を意味するものとして主張されるようになった。

フランスでの13世紀後半以降、国家権力の確立にともない、主権観念も「他のいかなる権力者にも依存しない権力者の権力」を示すものとして、国王のみを「主権者」とするようになる。ジャン・ボダン（Jean Bodin,1530-1596）は、このように形成されつつあった新しい主権観念を明確に体系化し、近代国家における絶対王政に有力な理論的根拠を与えようとしたのであった。

ゆえに、近代的な主権観念は、近代国家形成過程における封建諸侯勢力の排除を目的とする一種の「抗議的概念」であり、また当該歴史状況を前提としてはじめて理解できる「歴史的概念」といえる。

※古代ギリシアの都市国家やローマの国家は、主権国家とはよばれなかった。なぜなら、近代国家成立過程で見られたような、国家権力を取り分けて最高・絶対のものとして主張する必要がなかったからである。

1-1-3. ジャン・ボダンの主権論

『国家に関する六書』(Les six livres de la Republique) によると、主権を「絶対・永久の権利」と規定する。それを具体的省庁として八の権利を示す

①立法権、②宣戦講和権、③官吏任命権、④最高裁判権、⑤忠誠従順の要求権、⑥恩赦権、⑦貨幣鋳造権、⑧課税権

ここで次の二点が注目される。

①主権を、絶対的な、地上の何者の権利によっても制限されることのない権利であると規定した

ことは、主権を「なんらの拘束をもうけない無制限な権力」と考えたわけではない。つまり主権者が、神法や自然法およびすべての人々に共通のある種の人定法によって拘束されることを認めている。これは、ボダンが主権論を最高・絶対と主張したのは国外・国内の他の権力主体との関係についてであり、どのような拘束も排除するという意味ではなかった。

②ボダンの主権論は、国家主権の基礎付けを目的としていたため、主として国内関係を念頭において主張されていた。従って他の国家との対外関係に関する主張はほとんど含まれていない。国内的な支配関係における国王権力の最高性を主たる内容とした。

つまり対外関係について、ローマ法王及び神聖ローマ皇帝の普遍的権威の排除を重要な目標にしていた。ゆえに自己をこえた普遍的権威の束縛からの解放という意味を含んでいたのである。なぜならば、この普遍的権威が封建制の大きな支えとなっており、国王権力による国家統一を阻む重要な要因となっていたからである。これは対外的な独立自体が問題となっていたのではない。外部関係といっても他の国家との関係についての明確な意思はなかった。対外関係における主権的権利としては、宣戦講和権しかあげていない。ボダンにおいては、国家主権をもって、他の国家との関係に妥当する原則としては考えられていなかった。

１－１－４．国家主権観念が国家対国家の国際関係における基本原則として主張されるようになったのはいつか。

(1)　グロチウス（Hugo Grotius,1583-1645）の主張と定義

主権とは、「ある者の行為が、他のものの権利（ユス）に従属せず、したがって他の者の人為的意思の決定によって無効とされないとき、かかる権力を主権と称する」。

これは、対外的な独立を主権の内容としている。しかし、国家をこえて妥当する国際的な規範が存在し、国家はそのような規範の拘束を避けられない、という点を強調していた。

当時のヨーロッパの社会状況：政治的には君主中心の権利機構の多元的分裂、一般大衆においては国境をこえた中世以来の精神的文化的一体意識が根強く残っている。ゆえにそこでは、超越的な法＝自然法が妥当するという考えが中心を占めていた。

グロチウスは『戦争と平和の法』を著し、主権は公戦と私戦を区別する規準として使用され、公戦たるためには当事者（主権者）で無ければならないというかたちで、主権を論じているにすぎなかった。これは、いまだ、国家の自由・独立を意味するものとして国家主権が主張されたり、国家主権を国際法の出発点に据えるものではなかった。

(2)　ホッブス（Thomas Hobbes,1588-1679）・プーフェンドルフ（Samuel pufendorf,1632-1694）

彼らは社会契約論の論者であった。そのため人間の自然状態からの類推によって、国際社会における国家の地位が自由であるという考え方が幾分か示された。

18世紀になって、このような考え方が強く前面に押出され、国際法理論の一般的基礎としてはっきり主張されるようになった（ヴァッテルによる）。

(3)　ヴァッテル(E.de.Vattel,1714-1767)

「ヴァッテルは、すべての国際法を諸国家の主権および絶対的な孤独の原則の上に基礎づけしようとした最初の人である。」といわれている。

その主張は次の通りである。人々は生来自由で孤独である。そのような人々によってつくられた国家も、自己の意思によって服従しない限り絶対的に自由で、かつ独立の存在なのである。

この具体的な意味は、国家は他国の強制を受けず主体的に自己の良心に従って行動し得る。（国家の合意による実定法と自然法に拘束される。しかし自然法上の義務内容については国家自身が解釈し得る。）その結果、彼は外国による内政干渉を排除し、欧州のアメリカ征服を非難した。

その理由は、次のような国家のあるべき政治体制に関するヴァッテルの考え方にある。

①国家とは、共に力を合わせて自らの利益と安全を得るために結合した人々の社会。

②主権という権威は、根本的に、かつ根源的に社会という団体に所属している。
③主権的権威は、すべての市民の共同の福祉のためのみに認められたものである。
④従って国民の自らが自己の憲法を制定し、維持し、完成し、あるいは変更する、統治に関するすべてのことを自己の意見に基づいて規制する完全な権利を有する。
以上からヴァッテルは、人民の自由を基調する国民国家の立場に立っていたことが分かる。

当時の国際環境は以下の通り。
⑤ウェストファリア条約（１６４８年）によって、国王及び皇帝の支配が打破され、若干の国家の独立が認められることになった。
⑥そのため近代国際体制の基礎が一応与えられることになった。
この「一応」とは、未だ国際法の一般原則として国家の独立性が承認され、不干渉原則が明確に確立されたわけではなかった。
⑦実際にはフランスその他の強大な絶対主義国家がヨーロッパ支配をめぐって争い、小国（スイス）は絶えずその侵略・干渉の危機にさらされていた。
以上から人民の政治意識の成長にともなって次第に国民国家の形成を阻止する絶対主義国家の干渉を排除しようとする必要から、国家の自由・独立が強く主張されなければならなかった。

（ボダンにおいて中世的な普遍的権威からの解放が問題であったと同様に、ヴァッテルの主張においては絶対主権国家の干渉からの解放が問題であった。規制秩序に対する抵抗。）

他国による干渉の排除がヴァッテルの主張の中心にであって、それを越えて無制限に国家の自由・独立を主張したわけではなかった。その自由は、他国民の固有の、かつ完全な権利にかかわらない限りにおいてであり、また、その行使は何らかの対外的・対内的義務に拘束されている場合に限られる。その自由の濫用は罪である。その具体的な意味は、国家は市民の共同の福祉のために作られたものであり、国家の自由・独立はこの目的を現実させるために必要とされる。

対外的に国家の自由・独立が主張されるとしても、それらは常に国家内部における市民社会の要求によって規制されているのである。市民社会の国際性（国際化）に基づく国際的な連帯意識・規範意識の成立し得る可能性を排除してはいない。ゆえにヴァッテルの言う国家の自由・独立は、国家的エゴイズムと同視することはできない。

1-1-5. 小括

国家は自己の意思に従って服従しない限り自由・独立であるとヴァッテルは主張したが、しかし自然法などには拘束されることも認めている。その解釈は自ら行ない得るとしているが、当時の国際環境を考慮するならば、他の大国の主観的解釈を押し付けられ内容にするための主張であったのである。従って国家主権をあらゆる法の前例とし、客観的な法の拘束（自然法・自然法を基礎とする実定国際法）を排除するものとして主張されたのは、19世紀になってからの現象なのである。

１‐２．国家主権観念の変貌‐絶対主権観念の登場‐

１‐２‐１．19世紀における国際主権観念の変貌

国家の主権及び自由・独立が、それ自体を自己目的として絶対化された。一定の法（自然法など）の拘束を前提としていた国家主権（ボダン・ヴァッテル）に、そのような拘束のすべてを超えた絶対的な性格が与えられ、客観的な法の拘束に服することも拒否するものとして理解されるようになった。

これはヘーゲルに由来するといわれている。

１‐２‐２．ヘーゲル（G.W.F.Hegel, 1770-1831）によれば、国家は民族である。民族は一体として精神そのものであり、その精神的なものが法の地盤となっている。精神は何者にも拘束されることはなく、それ自身で絶対的な存在である。国民は民族精神を体現したものにほかならないので、国家それ自身も他の拘束を受けることのない地上の絶対的な主権として存在するのである。主権とは、このようなことを抽象的に意味する概念である。（個人は国家の一員である場合にのみその存在を認められる。）

この考えに従うと、主権国家を拘束する法（国際法）は存在しないことになる。しかしヘーゲルも国際法たる国家観の合意＝条約の存在は認めていた。

だが、条約は私的契約と異なる。条約は単に「形式的性質」を備えているにすぎない。契約には当事者をこえた第三者がおり、法が実現されるが、条約には仲裁者や調停者はいるが、絶対的な強制力をもつ第三者は存在しないゆえに、法の絶対的実現はありえない。条約の効力は、各当事者の主権的実力に頼るしかないのである。ゆえに国際関係は、国家をこえた包括的な秩序を基礎とするものではない。

ヘーゲルにおいては、国際法は国家の特殊的意思に基づく国家法にすぎず、いわば「対外的国家法」とよばれることになるのである。

ヘーゲルの考え方を導き出した国際環境として、この考えは、当時のプロイセン（現ドイツ）の絶対主権国家を擁護するために主張されたといわれている。つまりイギリス、フランスに対するプロイセンの発展途上国性と統一的国民国家（民族国家）の形成を急ぐために、既存のルールによる規制を排除する。（このとき文明と文化の区別も行なわれた。）

結局、主権を、法を超えた絶対的な性質を有するものとして据えるようになった。

（国際環境はほぼ同じだが、ヴァッテルの考え方ときわめて異なるものに変貌した。なぜだろう？）

1-2-3. ヘーゲルの影響

(1)　アドルフ・ラッソン（Adolf Lasson）（極端な見解）

国家は、その性質上、他の実定法のもとに服することが出来ず、従って諸国家相互の関係は完全に法の存在しない状態である。その関係を決定するのは唯一「力」だけである。

(2)　イェリネク（G. Jellinek）（ヘーゲルの影響を受けた多数派）

国際社会の現状から国際法の妥当性そのものは認めざるを得なかった。つまりヘーゲルの理論を受け継ぎつつ如何にして国際法の妥当性を説明するかが最大の問題となっていた。

彼は次のように考えた。

主権的な国家権力とは、自己を越えたより優越なものを認めない権力であり、したがって、それは「独立かつ最高の権力」である。ゆえに、法的には国家はただ自己の意思のみに服する。しかし国家は国内法の領域において、自己が作った法に拘束されている。つまり、法が国家自身に対しても拘束的な性質を持つものであることが国家を形成する人々の意思や信念の中に生まれ、確信されるようになって（法的確信が生まれ）、憲法を中心とする国内法が国家自身をも拘束するようになったのである。（もちろん国内法は国家自身が作ったものであり、他から強制されたものではないことが前提となっている。）したがって、国際法（条約）も、国家自身が作ったものである限りは、そしてそこに法的確信がある限りは、国内法と同様にその国家を拘束するのである。（国家は拘束されるのである。）

このような「国家の自己制限」理論を主張して、国家間関係における国際法の存在と妥当性を主張したのである。

その結果、主権は決して無制限な権力ではなく、法（国際法）に服するものである。しかし、ここに言う「法」は、国家を超えた超越的なものではなく、あくまで国家自身の意思を根拠として成り立つものであり、また、主権に対する制限も国家が自主的に自ら課したものに過ぎない、ということになる。

イェリネクにおける主権とは、結局、国家の自主的な結果能力＝自己を法的に拘束し得る能力を意味するのであった。

1-2-4. 小括

この考え方は実際の政治上にも強い影響を雄思した。国家権力の名の下に、国際法の拘束力や国際協力が否定されるといった例がしばしば見られるようになったのである。

１‐３．まとめ

①ヴァッテルが国家の主権を主張したのは、人民の自由を基調とする近代的な国民国家を形成する過程において、絶対王政諸国の干渉を排除するためであった。そこでは国家主権観念は一種の抗議的概念として持ち出されたのである。

ヘーゲルおよびイェリネクは、19世紀に入り近代化の遅れたプロイセンの現実を背景として、国家主権の絶対性を主張した。ここから国家主権について語る場合、国家主権一般としてではなく、各国家の国内体制及び主権の担い手との関係を無視することはできないということが分かる。

②歴史的環境あるいは当時の国際環境を考慮しなければならない。現代国際社会は、ヴァッテルやヘーゲルの時代とは異なり、極めて相互依存性の強い環境になってきている。そのために国際協力を推進することが必要となり、多くの国際組織が設立されており、地域によっては（例ヨーロッパ）各国の主権を極めて制限的に取り扱うような状況も現れてきている。

また同時に、発展途上国は先進国の経済的・文化的干渉を排除しつつ、自らを発展させようと努力している。このような国際環境を無視して国家主権の意味を考えることはできない状況に至っている。

2. 戦争予防装置としての国家

ここでは、国際社会の主体の中心である国家について、戦争（武力紛争）の予防という観点から、その成立と機能を考えてみよう。

2-1. 国家（State）の誕生

通常言われている国家（State、Staat、Etatなど）は、近代的意味での「国家」であり、「古代国家」や「封建国家」と表現される「国家」は、上記の意味での「国家」ではない。両者の相異は、「主権」の有無による。かつてのヨーロッパ中世封建社会は、respublica christiana（中世普遍世界）であり、神聖ローマ皇帝とローマ法王を頂点とする二元社会であった。16世紀初頭になると宗教改革が始まり、キリスト教の新旧両派の対立によって、30年戦争（1618年～1648年）が生じた。その原因である「融和しがたい真理の衝突」を避けるためにウェストファリア体制（条約）が作られた。（実際は紆余曲折を経ながらゆっくりと近代的な国家が形成されていったのであり、ウェストファリア条約はその象徴である。内政不干渉原則もこの過程で確立して行く。）

その結果、「融和しがたい真理の衝突」を回避する知恵として「国家」（State）が作り出された。（この時代に多くの思想家も生まれ、主権概念を使ったものとして国家が登場したのである。

（※「融和しがたい真理の衝突」は現代国際社会にも見出されるのではないか）

同時に国家の登場は、宗教的熱狂を冷まし、ナショナリスティックな感情を生み出したが、この時点では未だNation（国民）ではなく、「人々の帰属意識」であった。

そのために、戦争は国家間の行為となり、「政治概念としての国民」が登場し、「国籍」という技術を作り出して個人と国家とを法的に結びつけることに成功した。これによって「国境」に囲まれた領域と「国籍」を法的紐帯とする「法的概念としての国家」が揃ったのである。

２‐２．国民国家（Nation State）の成立とその後

フランス革命及びナポレオン戦争は、周辺諸国に「国民動員の威力」を見せ付けた。そこに、「一定領域内の人民すべてが、同質の言語・文化を持つべきであり。そのような意味での同質の人々からなる政府によって統治されるべきである」という新しい観念が登場した。

その後、この考えは徐々に発展し、19世紀になると当時の時代風潮であった「社会ダーウィニズム」の影響で、排他的なナショナリズムへと変貌した。これは一国（自国）のみの利益を追求する「ハイパー・ナショナリズム」であり、これが第一次大戦の背景にあったといわれている。このハイパー・

ナショナリズムに由来する大衆の激情が戦争被害を拡大させたのであった。（その後の大戦も同様である。）

第二次大戦後、東西冷戦が生じ、いわゆる階級対立という国境を超えた概念による紛争が懸念されたが、冷戦終結とともに消滅した。

※現在、強力な国民国家を形成できないでいる地域にエスニック紛争が生じている。これは、「融和しがたい真理の衝突」に国境と法的な国民という技術で「蓋」を閉めていた国家が崩壊し、蓋が外れたために、再び「融和しがたい真理の衝突」が再発したと考えられないだろうか。

3．承認論

国家（State）が国際社会の中心となって以来、国際社会という一種のグループに正会員として入会させるか否かを判断する必要が生まれてきた。ひとたび「国家」と認められると、他の国家と同じ権利義務を有することになり、国際社会のルール形成に参画出来るようになる。また他の法律行為を行なうことができるようになることから、既成秩序の保持のために一定の基準を満たすことが求められるのであった。

これまである程度の慣行が出来ていたが、この基準を明確に規定したのが１９３３年の「モンテビデオ条約」（地域条約）であり、今日では、当該要件を引用して、次の四要件が国家たる基準となっている。

①一定の領域（領土）、②永住的住民、③政府（統治能力あり）、④国際関係を良好に執り行うことのできる意思と能力（伝統的な考えでは④は示されていなかったが、最近は④を含むとするものが多い）。

３-１．国家承認

上記の四要件がそろえば直ちに国家になれるかというと、そうではない。次の手順を必要とする。

①「政治的存在」（植民地の独立運動、既成国家からの分離活動など）

②「事実上の国家」（政治的存在が四要件を揃えたとき）

③国家承認が与えられる（各国の判断にゆだねられる、個別行為）

④「国際法上の国家」（国家承認を与えた国家との関係で、主権国家となる。）

主権国家になってはじめて国際法から権利義務が付与されることになり、それてに基づく法律行為（例：条約締結、領海・接続水域の設定など）を行なうことができるようになる。

※承認行為に関する学説としては「創設的効果説」と「宣言的効果説」がある。

この他にも、集団承認（国際機関への加盟のときなど）や集団的承認（抜け駆けの禁止）もある。

3－1－1．承認の方式

(1)　性質による分類

①「法律上の承認」は、通常のもので撤回不可。

②「事実上の承認」は、要件その他の問題で暫定的な承認であり、撤回可能。

(2)　方法による分類。

①「明示的承認」は、マス・メディアや国会での宣言、正式な相手国への通知などの明示的方法による承認。

②「黙示的承認」は、主権国家のみが行ない得ること（例：条約の締結など）を相手国に対して行なうことで、黙示的に承認を伝える。

3－1－2．承認の効果

承認国と被承認国との間で国際法上の国家間関係が設定される。しかし承認は個別的行為なので、承認を行なわない国家に対しては国家間関係を設定できない。（国家承認は生まれたときから個別行為という性質を持っており、今日でも変わらずにいる。）

３-２. 政府承認

国家はそのままであるが、内乱やクーデターなどによって新政府が誕生したり、新旧両政府が並存する事態が生じる。そのとき、当該国家を正式に代表して、当該国家の権利義務を正当に行使するものを決定しなければならない。これが政府承認である。

通常、国内法手続（憲法）に従って合法的に成立した政府を「法律上の政府」とよび、これは正当な政府となる。これに対して非合法的に成立した政府を「事実上の政府」とよび、これには「当該権力が領域一般的に及ぶ事実上の政府」と「当該権力が地方の一部にしか及ばない地方的・事実的政府」がある。後者の場合は国内法上の単なる反乱団体（交戦団体となる可能性もあるが）である。政府承認の問題は非合法的に成立した政府の場合である。

これまでの慣行から、政府承認が行なわれるために次の要件を必要とする。

①当該権力が領域一般に実効的に確立していること（全域である必要はない。人道の問題）。

②当該政府が人民の支持を受けていること（外国の傀儡政府であってはならない）。

③当該政府に永続性があること（一時的であってはならない）。

政府承認については事実主義があり、不承認政策をとる国もある。全体としては、事実主義が多いようであるが一概には言えない。これも各国の個別行為であるので、各対外政策に影響される。

承認の方法と効果は、国家承認の場合と同じである。旧政府の締結した条約は、一時的に停止されているが、政府承認のあとは条約の効力は自動的に復活することになっている。これは国家の同一性に変化がないからである。

3-3. 交戦団体の承認

非合法的な団体が一定領域を支配している場合、国内法上の当該団体の地位は「反乱団体」であり、反乱罪（反逆罪、国家転覆罪など）が適用される。しかしこの反乱団体の勢力が強大である場合、当該勢力範囲内にある外国人や外国の権益、あるいは当該地域にかかわる条約の効力に大きな影響が生じ、中央政府にとっては責任をとらなければならない事態も起こり得る。同時に外国政府にとっては、当該地域にいる自国民及び自国利益の保護ができなくなる。さらに反乱団体にとってはその構成員が捕縛された場合、国内法を適用され、極刑を科せられる可能性が高く、その報復として中央政府側の者を非人道的に扱うこともしばしば起こり得る。そうなると、三者三様の都合の悪い状態が生ずる。

そこで、当該団体が国内法上の反乱団体という地位にあることがこのような事態を引き起こすのであるから、国内法上の反乱団体を国際法上の存在にすれば、そこに適用されるのは国際法になるので、事態はよりよくなるはずである。そのために作り出されたのが、国家に準ずる「交戦団体」

という国際法上の地位である。反乱団体が交戦団体になれば、中央政府は彼らの勢力範囲内に責任を負う必要は無くなり、交戦団体側も国際法（戦時）による権利義務を与えられることになる。また外国政府も直接交戦団体と交渉することもできるようになる。

交戦団体の承認も、個別行為であるが、その要件は次のようである。

①武力紛争は継続的であること。

②当該団体が組織化されていること（責任ある指導者がいること）。

③一定地域を実効的に支配していること。

④戦時国際法を遵守する意思と能力があること。

⑤他国にとって重要な法益があり、中央政府に保護の期待が持てないこと。

※交戦団体の承認の後に、当該地域が独立して新国家となったり、中央政府に敗北してもとの国家の一部になったりと、様々な形態があり、その都度、国家承認などの問題が新たに生じる。

交戦団体の承認が行なわれなくても、戦後の大枠の中で、ジュネーブ諸条約共通第３条（内乱の場合）やジュネーブ条約第２追加議定書（非国際的な武力紛争の犠牲者の保護に関する追加議定書）が採択され、人道的な取扱をすべきことが規定されている。

また内戦であっても国際性の強い場合は、交戦法規を適用しようという見解もあるが、それに対しては、①内戦は国家主権の範囲内の問題であり、内政干渉に該当する、②内戦の国際性の判断が極めて困難であること、という反論もなされている。この点は未だ浮動的である。

4. 責任論

国家が国際法上の法主体であるならば、当然に責任の問題も生じてくる。以下は、責任論の概要である。

4-1. 国際責任の概要

4-1-1. 国家の作為・不作為によって国際法上の義務に違反する（違法行為と責任）という法的関係が自動的に設定され、国家は責任を負う。

4-1-2. 国家責任は国内法でも使用されている用語

国際責任とは、特に国際法上の責任をいう（従来は国家のみであり、故に国家責任と同様であったが、国際組織などの責任が生じたため、現在では両者を区別している。ただしここでは伝統的な原則に従って、国家の責任のみについて言及する）。

４‐１‐３．国際責任（国家責任）論の生じた背景

国際責任は、従来、外国人の身体・生命・財産への損害に対する領域国の責任として議論されてきた。その理由は、ヨーロッパ諸国の海外進出に伴う、私的資本の保護の必要性すなわち途上国における自民国の損害を国家責任（領域国の責任）として論じたことを原因とする。

４‐１‐４．国家責任に対する考え方

「国際標準主義」とは、ヨーロッパ諸国（利益享受者）の国内制度を規準とするもので、「文明国標準主義」ともいう。これに対してはメキシコなどから反論がなされる。つまり支配者のためのルール、属地主義違反ということ。

「国内標準主義」とは、領域国の法制度に従うもので、領域国国民と同程度の保護を与える考え方である。その結果、国際責任の二つの「規準」の対立となる。

４‐１‐５．国際責任に関する法典化の試み（国連国際法委員会／ＩＬＣ）

特別報告者アゴーは、国際責任は外国人の処遇に関するものばかりではないと考えた。そこでＩＬＣは、国際責任を「国家の国際違法行為によって生じる法的な諸関係の総体」とし、実体規則と手続規則に明確に分ける。

その結果、第一次規則（primary rule・実体規則）で「義務違反」を定め、第二次規則（secondary rule・手続規則）で法的結果を定める。そうなると上記の対立は第一次規則（実体規則）の内容であり、これは対立・議論が多いので棚上げして、第二次規則（手続規則）から法典化することを試みた。これがアゴーからリップハーゲン、アランジオ・ルイズ、クロフォードと引き継がれ、2001年に全59条の「国家責任に関する暫定条文草案」（ＩＬＣ草案）として同委員会第53会期で採択された。

4-1-6. ＩＬＣ草案の構成

ＩＬＣ草案は、第一部「国の国際違法行為」、第二部「国の国際責任の内容」、第三部「国の国際責任の履行」、第四部「一般規定」からなる。

第一部は、一般原則（第1条～第3条）、行為の国への帰属（第4条～第11条）、国際義務の違反（第12条～第15条）、他の国の行為に関連する国の責任（第16条～第19条）、違法性阻却事由（第20条～第27条）に分けられる。第二部は、一般原則（第28条～第33条）、侵害に対する補償（第34条～第39条）、一般国際法の強行規範に基づく義務の重大な違反（第40条、第41条）に分けられる。第三部は、国の責任の援用（第42条～第48条）、対抗措置（第49条～第54条）である。第四部の一般規定は、第55条～第59条である。

これらは未だ暫定条文草案であり、その意味で正式な条約として成立しているわけではないが、その審議過程および内容から、国際社会における国家責任に関する一般的な原則を見出すことができる。また当該草案は裁判規範として使用することはできないが、学説には少なからず影響を与えている。

以下は、当該草案に特にとらわれずに、一般的な国家責任に関する基本原則を概略する。

4-2. 国際責任の成立

4-2-1. 国際責任の成立要件は、①作為・不作為が国際法に帰属すること、②当該行為が国際義務違反を構成すること（テヘランの米国大使館占拠人質事件判決）

これは、当該義務の淵源が慣習・条約・その他のいずれであるかということとは無関係である。国際違法行為であるか否かの認定は、国際法のみによる（国内法上合法であることを理由に責任を逃れることはできない）。ただし、「損害」は単独の構成要件にはなっていない。

4-2-2. 国家機関の行為は国家の行為とみなされる

国家機関の地位にある個人が、その権限の範囲内で行なった行為は国家の行為であり、私人の資格で行なった行為は国家に帰属しない（例：私的不動産売買・株の行為）。

国家を対外的に代表する・対内的に代表する、の双方とも国家に帰属する。立法・司法・行政のいずれの機関であっても国家に帰属する。機関の階級の上下は、国際責任の発生に影響しない。

この問題点は、権限喩越であっても外見上は職務行為と見られる場合、国家の行為となるか。これは、原則として、国内法違反（権限喩越）は国家に帰属される。つまり国家の行為となる（条約草案）。

4-2-3. 私人の行為は、原則として国家に帰属せず、国際責任は生じない

但し、領域国として領域内の外国人の権利に対して「相当の注意」を払う義務を負い、この義務違反が生じれば国際責任を負う。事前の「防止義務」、事後の「救済責任及び義務」あり（例：テヘランの米国大使館占拠人質事件における学生の行動とイラン政府の対応）。

内乱や暴動の場合の私人間の行為はどうか。これは、国家の行為とはみなされない。しかし、反乱団体が新政府となった場合は、国家行為とみなされる。

例外として、領域外の私人の行為でも国家に帰属する場合がある。（例：宇宙空間の私人行為は国家に帰属する）（宇宙法）。

4-2-4. 国際義務の分類（国際法に基づいて国家が負う義務）

(1)　分類

①「行為の義務」(国家に対して特定の作為・不作為を要求する義務)。

②「結果の義務」(特定の結果の達成を要求する義務及び特定の事態を防止する義務)

ＩＬＣ草案はこの分類を採用していないが、学説・判決などでは頻繁に使用される分類である。

(2)　時間的範囲（ILC 草案第14条）

①国の国際義務違反が継続的性質を有さない場合は、その効果が継続しても、当該行為が行なわれた時点で義務違反が生ずる。

②国の国際義務違反が継続的性質を有する場合は、その行為が継続し且つ義務違反状態が継続する全期間に義務違反が及ぶ。

③結果の義務に対する違反は、当該事態が生じるときに発生し、並びに、当該事態が継続し且つ当該義務と合致しない状態が継続する全期間に及ぶ。

例として、レインボー・ウォーリア号事件を参照。

4-2-5.　違法性阻却事由（特別の事情のある場合は違法性が阻却される）

違法性阻却事由について ILC 草案は次を列挙している。

①相手国の同意（第20条）
②自衛（第21条）
③国際違法行為に対する対抗措置（相手の違法行為に対する条約の終了、資産凍結など）（第22条）
④不可抗力及び偶発事態（台風などにより義務を果たせない場合）（第23条）
⑤遭難（極度な遭難状態でのやむを得ない義務違反）（第24条）
⑥緊急避難（自国の重大・切迫した危険から国益を守るために敢えて行なう違法行為）（第25条）
但し、一般国際法の強行規範に反する場合は違法性を阻却しない（第26条）

4-2-6. 国際責任（国家責任）と過失

19世紀までの通説は、過失責任主義（1949年のコルフ海峡事件）であった。

ＩＬＣ草案は第2条で、①当該行為が国家に帰属、且つ②国際義務に違反する場合と規定し、客観責任主義を用いているように思われる。

近年は、高度の危険性を内包する活動（例：宇宙活動）ともなう危険責任主義もあるが、現在は宇宙損害賠償条約だけが採用している。

適法行為から生ずる損害に対する国際責任（補償義務）については、ＩＬＣ草案は当該問題が残ることを留保している。これは、未だ議論の続いている問題である。

４‐３．国際法上の違法行為

４‐３‐１．国際法の違法行為の本質

国内法における違法行為には次の分類がある。①私法上の不法行為（私人の法益侵害に対しては、原状回復、損害賠償）、②刑法上の犯罪（国家法益の侵害に対しては、国家権力による制裁）（刑罰）。

しかし、国内法でも原始法の段階では区別が明確ではなかった。

国際法においても両者は混同され賠償という名目の下に、処罰的な意味を含め、蒙った損害以上の punitive damages の要求がなされることがある。

しかし、国際法上の違法行為は一般に国内私法上の不法行為に類するものとして取り扱われてきている。つまり、加害国の被害国に対する原状回復、あるいは損害賠償である。

国際社会が組織化されるにつれ国家の一定の違法行為を国際社会の一般法益を侵害する国際犯罪とし、国際社会の名において制裁を加えようとする傾向が見られる。

しかし、現在においても国際違法行為は一般に国内私法上の契約不履行や不法行為に類するものとして考えざるをえない。これは、被害国の失われた法益の回復にその趣旨があるからである。

4-3-2. 国際違法行為の成立要件

国際違法行為が成立するには、国際法上違法行為能力を有する国際法主体の行為であり、その行為が国際法に違反するものであること。つまり行為者は国際責任を負う。

4-3-3. 責任帰属の関係

国際法上責任を負うのは原則として国家である。個人や交戦団体、国際組織も限られた範囲内において国際責任を負う場合がある。

被保護国、附庸国は、国際違法行為能力も制限される。

また、国家の違法行為といっても実際に行為するのは自然人であり、その行為を通じて国家の行為と観念される関係を帰属、中心帰属という。国家の違法行為には、①国家機関の行為による場合、②私人の行為による場合、に区別できる。

(1) 国家機関の行為による場合

①国家機関たる地位にある者が、その権限の範囲において国際法違反を行う場合は、国家自身が国際違法行為を行ったものとみなされ、行為を行った当該個人についての国際違法行為責任は追及されない。しかし、条約上とくに規定された場合には個人責任を追及することも認められる。

②国家に国際違法行為が帰属する国家機関の行為は、それが立法機関、行政機関、司法機関の行為であるかにかかわりなく、また、その階級の上下によって区別されない。

③国家機関たる地位にある者が、権限を越えてはいるが、外見的にはその職務上の行為と見られるようなかたちで、国際法に違反する行為を行った場合、国家に責任が帰属するか、個人の行為として国家は国際責任を免除されるかが問題とされた。ハーグ国際法編纂会議において、官吏の権限外の行為について国家の責任を認めるという形では条約をまとめられなかった。しかし、権限外の行為に対し国家はいっさい責任を負わないことになれば、国家に責任を回避させる口実を与えるおそれもある。現在では、外見上公的資格で行動していた場合には、当該行為は国家の行為とみなされることで学説や国家の実行は一致している。しかし、個別具体的に微妙な場合も生じてくることも事実である。

(2)　私人の行為による場合

私人がその領域内で外国の権利、利益や外国人の身体、財産を傷つけた場合、国家は責任を負うことがある。①国家が私人の違法行為を「相当な注意」をもって防止しなかった場合、②事後の措置をとらなかった場合、である。

4-3-4. 国際法違反の行為

(1) 立法機関による国際違法行為

①立法機関が国際法に違反する国内法を策定した場合。

②国際法上義務づけられた立法を行うのを怠った場合、自国民の利益を害されない外国はその国家の責任を追及できない。

(2) 裁判拒否

裁判拒否とは、外国人について国家が必要な司法上の保護を与えない場合をいい、国家は国際責任を負う。例として、①外国人の訴えが拒否される、②裁判の手続きが著しく不正規である、③裁判の判決が明らかに不当である。④以上のほか、先例として、有罪判決が執行されない、犯人に特赦が与えられた場合がある。

※「国際標準主義」では、先進国の裁判制度で裁判。

※「国内標準主義」では、その国内において一般的に認められている手続で裁判すればよい。だが、国内標準といってもどの様な裁判手続でもかまわないというわけではない。しかし、先進諸国で認められる裁判手続きと同じでなくてもよい。

判決の公正について、自国民であっても判決が公正という保証はないのが一般的。そこで、裁判官に「悪意」があり、判決が悪意にもとづいている場合、裁判拒否とみなされる。しかし実際は、悪意の証明が困難なので、客観的にみて判決が外国人の権利を裁判上保護したといえないほどの「明確な不公正」が認められることを基準とするのが妥当。

⑶　外国人財産の収用

国家が公共の目的のために自国民の財産を一定条件の下で収用し得ることは、多くの国で認められる。外国人の財産を収用は、条約上定めがない限り国際法上違法でない。しかし、次の要件を満たすことが必要となる。①公益のためになされるものであること、②特定の外国人のみでなく、他の国民（外国人）と差別しないこと、③一定の補償がなされること。

⑷　コンセションの破棄

コンセションとは、国家が国内の資源の開発や、一定の事業の経営などについて、外国人あるいは外国企業に特別の認可を与える場合、その認可そのもの、認可を与えるための契約をいう。

コンセションを一方的に破棄したり、侵犯しただけでは国際違法行為にはならず、裁判拒否や条約に違反するなどの要因が加わってはじめて国際違法行為となるのが通説。

4-3-5. 国際違法行為と過失責任

国家に国際違法行為責任を帰属させるには国際法に違反する作為・不作為が必要。さらに故意または過失という何らかの主観的要素を必要とするかが問題

①私人の行為によって国家の国際責任が問われる場合、国家は私人の行為を「相当な注意」をもって防止しなくてはならない。この「相当の注意」義務の欠如は国家機関の過失といってよい。

②立法機関の行為によって国際法違反が行われる場合、責任の帰属に過失は必要ない。

③司法機関の行為による場合、過失の有無は責任帰属の条件にはならない。

④行政機関の場合、問題になる。

4-4. 国際請求の要件

国家が国際違法行為を行った場合、その国際責任を追及するための国際請求が被害国から提出される。国際請求を提出できる主体は原則として国家である。

国家が国際違法行為を行った場合、被害者が私人（個人）でも原則として国家を通じて国際請求を行う。

4-4-1. 国際請求を行う場合の手続上の要件

第一は、被害者が相手国の国内における救済手続をあらかじめつくしていること（国内的救済の原則）。

第二に、被害者が損害を受けたときから国家が外交的保護権にもとづいて相手国に請求を提出するまで、継続的にその国籍を保有していなければならない（国籍継続の原則）。

(1)　国内的救済の原則

私人が外国において損害を受けたとき、まず、損害を与えた国家自身の手によって救済を与えるのが順当。被害の事実や損害額は、現地の救済機関に確認させるのが適当。これは、私人の問題が国際紛争に転化するのを防ぐためである。

この原則は、国家自身が損害を受けた場合には適用されない。また、損害を受けた私人と外国の間にあらかじめ一定の関係が存在していることが必要。

(2)　国籍継続の原則

損害を受けたときにはその国の国籍を保有していても、その後、国籍を喪失した者や、損害を受けたとき、その国の国籍をもっておらず、その後、その国の国籍を取得した者には、国家は外交的保護を行うことはできない。

これは、被害者が強大国に国籍を変更し、それにより強大国による権力的な介入が行われる弊害を避けるためである。しかし、当事国の合意によって、その適用を緩和し、国籍継続がなくても外交的保護を認めることは可能。

4-4-2. カルボー条項

国家と外国人とが契約あるいはコンセッションを締結する場合、その解釈、適用、履行に関する争いについて、外国人の本国が外交的保護権を発動するのを認めない。これは法論理上、無効である。外交的保護権は、当該外国人（個人）の権利ではなく国家の権利なので、契約で当該権利に対する条項を設けることは不可能であるためである。

4-5. 責任の解除

4-5-1. 国家が国際違法行為による国際責任を負う場合、それを解除する措置をとることが国際法上必要となる。通常は、原状回復、賠償。

責任解除の方法としてまず要求されるのは原状回復、しかし、それが物理的、あるいは社会通念上不可能な場合、賠償の方法がとられる。

賠償には、金銭賠償、陳謝、被害国国旗に対する敬礼、責任者の処罰、将来の保障がある。

物理的損害に対しては、原状回復、金銭賠償、精神的損害に対しては陳謝といった方法がとられるのが普通である。

どのような場合にどのような賠償をするか、国際法上原則はない。当事国間の話し合いあるいは国際裁判の判決により決まる。

４‐５‐２．金銭賠償はどの範囲までの損害を賠償しなければならないか

一般的には、違法行為との相当因果関係が明確に証明される場合には、損害に対する賠償が認められている。直接損害だけでなく間接損害にも及ぶ。

また、賠償利子はそれを考慮するのが普通である。賠償は違法行為がなされなかったならば存在したであろう状態を回復するのが趣旨であるため、賠償利子を支払うことには根拠がある。

５．国家消滅と承継論

５‐１．国家消滅の類型

我々は、国家というものを半永久的に存続しつづけると感じている場合が多い。しかし歴史を見

れば、太古から現在まで一貫して継続している国家は一カ国もない。我々が歴史を見るとき、現存する国家と同位置に存在している「国」を現存国の「ご先祖」と見がちであるが、それは間違いである。中国大陸を見ても、現在の中華人民共和国とかつての秦や周、漢や元とは異なる「国」である。「中国」が数千年前から面々と続いている「国」と考えるのは誤った見方である。これは他の国々にも当てはまる。

そうなると、そこに見出される原則は、「国」は必ず「滅ぶ」ということである。但し、その「滅び方」には多種多様なものがある。例えば生命線である河川の流れが徐々に変わってゆき、それに伴ってかつての「国」の範囲では生活ができなくなり、当該国が放棄される場合であるとか、火山の噴火によって埋もれてしまった場合などは、自然に滅び消滅する典型的な例であろう。他方、人為的に消滅することもある。戦争に敗れて植民地にされた場合、複数の国に分割されてしまった場合などがある。

しかし、自然に消滅したのではなく、人為的に消滅した（させられた）場合は、かつて存在した国・国家の有していた債権債務の帰属先や条約の効力の継続性という問題が生ずる。本編で扱うのは、そのような場合である。

５‐２．承継論

国家は、分類、併合、分割、割譲などによって、その領域の全部または一部を失うことがある（領域に対する主権の変更）。そこには、先行国（被承継国）の権利義務及び財産が後継国（承継国）に引き継がれるか否かという問題が生ずる。

戦後、この問題についての条約が設立した。「条約承継条約」（１９７９年）と「国家財産等承継条約」（１９８３年）である。

５‐２‐１．条約の承継について

クリーン・スレイト原則（clean slate rule／白紙の状態）が適用され、３つの状態が例示された。

①新独立国（植民地から国家になった）場合

自決原則に基づいて、先行国の締結した条約には拘束されない（条約承継義務はない）。同時に選択権が認められる。２国間条約の場合は、他国の当事国との合意によって条約の効力が維持される。多数国間条約の場合は、承継の通告を行なうことで、当該条約の当事国になることができる。

②結合や分類による新国家の樹立（連邦国家の成立など）の場合

原則として継続性の原理が適用される。条約の継続が認められる。これは各部分がすでに主権国家であった状態から出発するからである。

③領域の一部の移転の場合

関連領域に関する先行国の条約は効果を失い、当該領域に関する後継国の条約が有効となる（条約境界移動の原則）。一部領域の移転によって国家はこれまでの国際法上の同一性を失うわけではないことが理由となっている。

5-2-2. 国家財産等の承継について

ここにいう国家財産等とは、国家財産、公文書、国家債務を示す。

①新独立国の場合

原則として国家債務は承継する義務はない（債権は承継できる）。ただし、合意によって承継してもよいが、新独立国の基本的な経済安定を危うくしないことを条件とする。

②一部領域の分割、国家分裂（先進国の消滅）の場合

先行国の債務は、別段の合意がない限り、衡平の原則に基づいて承継される。国家結合の場合は、国家債務は承継国に移転する。

③領域の一部の移転の場合

先行国の債務は原則として承継国の合意によって処理される。合意無き場合は、承継国に移転す

る財産、債権、他の利益を考慮して衡平な比率に基づいて承継する。

６．国家の基本的権利義務‐外交制度―

国家は国際法によって自衛権をはじめとする基本的権利義務を付与されている。それらの幾つかは既に又は以降で記述されているので、ここでは外交制度に関する権利義務を概略する。

当該制度は、洋の東西を問わず古代国家間においてもほぼ共通して認められてきた、国際社会における最も古い制度であり、かつその内容がほぼ現代にまで継承されている点で、国際法のもっとも原初的形態を残している法制度であるといえよう。これらは古代から現代に至る長期にわたって慣習法として存在してきたが、1964年になって条約化され、権利義務が明確に画定したのである。その領事制度とともに歴史を含めた詳細は、齋藤洋『現代国際情報宣伝法の研究』（新有堂、１９９０年）に掲載してあるので参照してほしい。（新有堂は現在社名変更して虹有社となっている。）

6-1．現代国際社会では国家を代表する対外機関として、首相、外相、特命全権大使などを思い起こすであろう。これは科学技術の発展に伴って国家の首脳が直接対話、合意することが可能になったからである。しかし国際社会の歴史を紐解くと、過去から現代に至るまで、一貫して国家の対外機関として存在し、活動してきたのは、外交官（外交使節団）と領事官である。原則として外交官が主に関与する関係を外交関係といい、領事官の場合を領事関係という。

外交関係と領事関係は、国際関係の中で最も古くから慣行によって制度化されてきた分野である。初期には外交官と領事官との区別は曖昧であったが、後になると外交が政府間の関係で、領事が民間関係（特に貿易関係）を担当するようになった。

特に外交使節の重要な役割が、接受国の情報収集と説得宣伝という、いわゆる「情報活動」であることは、古代から現代にいたるまで変わっていない。そのための慣行法上の諸権利が第二次大戦後、「外交関係に関するウィーン条約」に定められた。その内容は、以下を参照すること。

また、領事関係もおおむね外交制度と同様である（「領事関係に関するウィーン条約」）が、本務領事官と名誉領事官によって特権免除が異なる点も注意を要する。

国家の対外機関が行なった行為には、国家の責任（国家責任、国際責任）が伴う（別項参照）。

現代では、国家機関以外の力が相対的に高まってきている。例えば人権擁護団体であるアムネスティ・インターナショナルなど非政府間機関（NGO）による、世界的ネットワークに支えられた活動によって、国家の政策にも影響が出て来ているが、今後はこのような点にも十分に注意を向けなければならない。

6‐2.『外交関係に関するウィーン条約』（1964年発効）による外交使節団

6‐2‐1.「外交使節団の構成員」（外交特権享受者の総称）（第１条）

①「外交職員」（外交官の身分を持つもの）。

②「事務及び技術職員」（使節団の事務的及び技術的事務のために雇用されるもの）。

③「サービス（役務）職員」（使節団の家事に従事する派遣国の雇用したもの）。

6‐2‐2. 制限的な特権の享受者（第37条）

①「外交官の世帯に属する家族」、外交官以外の「職員及びその世帯に属する家族」

※個人的使用者とは、派遣国の使用人ではなく、雇用主の個人的私的役務を行なう者。

6‐3. 外交使節団の任務

①接受国において派遣国を代表すること。

②接受国において、国際法が認める範囲内で派遣国及びその国民の利益を保護すること。
③接受国の政府と交渉すること。
④接受国における諸事情をすべての適法な手段によって確認し、かつ、これについて派遣国の政府に報告すること。
⑤派遣国と接受国との間の友好関係を促進し、かつ、両国の経済上、文化及び科学上の関係を発展させること。

6-4. 外交特権免除の種類

外交特権免除は、その性質によって①不可侵権、②自由権、③免除権に分類できる（学問上の分類）。

(1) 不可侵権

(i) 外交使節団の国籍に関係なし

①公館の不可侵（第2条）、②公文書の不可侵（第24条）、③住居の不可侵（第30条）、④書類の不可侵（同条）、⑤通信の不可侵（同条）、⑥財産の不可侵（同条）

(ii) 外交使節団の国籍に関係あり

①身体の不可侵（第29条）

(2)　自由権

①移動の自由（第26条)、②旅行の自由（同条)、③通信の自由（第27条)

(3)　免除権

①公館に対する税の免除（第23条)、②裁判権からの免除（第31条)、③社会保障規定の免除（第33条)、④税の免除（第34条)、⑤役務の免除（第35条)、⑥徴発の免除（同条)、⑦軍事的義務の免除（同条)、⑧関税の免除（第36条)、⑨関税における検査の免除（同条)

6-5. 第三国の義務

第外交使節団及びその通信等に対する三国の義務は、①外交官、②外交官の家族、③使節団の事務及び技術職員とサービス職員、④公用通信文及び公用通信、⑤外交伝書使及び外交封印袋、⑥不可抗力の場合、ごとに異なっている。

6-5-1. 不可侵権-国籍による相違-

(1)　外交官には、次の三種がある。

①派遣国国籍の外交官で派遣国から派遣されてきた外交官(a)

②派遣国国籍の外交官で接受国に通常移住している外交官(b)

③接受国国籍の外交官(c)

(2)　外交官の家族の構成員でその世帯に属するものには次の二種がある。

①外交官との同国籍の家族(d)

②外交官と異なる国籍の家族(e)

(3)　身体の不可欠については、通常以下の原則があるが、上記の相違によりその適用が異なる。

①外交官は、いかなる方法によっても拘留し又は拘禁することができない。

②接受国は、相応の敬意を持って外交官を待遇しなければならない。

③接受国は、外交官の身体、自由又は尊厳に対する侵害防止のための適当な配置を執らなければならない。

(i)　外交官について

(a)の外交官に対しては、文字通り適用。

(b)の外交官に対しては、外交官として職務遂行中の行為に対してのみ認められる。

(c)の外交官に対しては、外交官として職務遂行中の行為に対してのみ認められる。

但し、接受国によってそれ以上の特権免除が与えられている場合は、この限りではない。

(ii)　外交官の家族の構成員でその世帯に属するもの、事務及び技術職員並びにその家族の構成員でその世帯に属するもの

これらの者たちに対しても、身体の不可侵が認められるが、その国籍の相違及び接受国内での通常の居住状況によって、異なっている。一般的には、外交使節団員としての活動中は進退の不可侵を認められる。その他の場合は、条約集を参照のこと。

(4)　公館の不可侵

①接受国の官吏は、使節団の長が同意した場合を除くほか、公館に立ち入ることができない。

②接受国は、侵入及び損壊に対して使節団の公館を保護するため及び公館の安寧の妨害又は公館の威厳の侵害を防ぐため、適当なすべての措置を執る特別の責務を有する。

③使節団の公館、公館内にある用具その他の財産及び使節団の輸送手段は、捜索、徴発、差押又は強制執行を免除される。

(5)公文書の不可侵

使節団の公文書及び書類は、いずれのとき及びいずれの場所においても不可侵。

公文書とは、古い書類であって保存を第一とするもの。
書類とは、公文書を除いた他の書類で特に現在使用されているもの。

(6) 居住・書類・通信・財産の不可侵

①外交官の個人的居住は、使節団の公館と同様の不可侵及び保護を享受する。
②外交官の書類、通信文及びその財産も同様に不可侵を享受する。

6-5-2. 自由権

(1) 移動・旅行の自由

接受国は、使節団のすべての構成員に対し、自国領域内における移動の自由及び旅行の自由を確保しなければならない。

国の安全上の理由により立ち入りが禁止され又は規制されている地域に関する法令に従うことが条件。

(2) 通信の自由

接受国は、すべての公の目的のためにする使節団の自由な通信を許し、かつ、これを保護しなければならない。

通信手段とは、公用通信（the official correspondence）、外交封印袋（the diplomatic bag）、外交伝書使（the diplomatic courier）をいう。

これらには同時に「文書の不可侵」や「身体の不可侵」が適用される。

６-５-３. 免除権

免除権とは、国家主権の基本的発現である徴税権（課税権）、自衛権、統治権（警察権）からの免除若しくはそれらの不適用を意味する。

特に重要なものとして、「裁判権からの免除」がある。外交官は、接受国の刑事裁判権からの免除を享受する。国籍による違いとして、派遣国国籍で派遣されてきた外交官には、例外なく適用されるが、その他の者は、身体の不可侵などと同様である。

６-５-４. 第三国の義務

①外交官の赴任及び帰国に際して旅券査証を与えた第三国は、当該外交官に不可侵及び通過あるいは帰還を確実にするために必要なその他の免除を与えなければならない。

②外交官の家族で特権免除を享有するものが、当該外交官と同行する場合、又は当該外交官のも

とへ赴くため若しくは帰国するために別途に旅行中である場合、第三国は不可侵及びその通過又は帰還を確実にするために必要なその他の免除を当該家族に与えなければならない。

③上記①及び②同様の場合において、当該職員とその家族が第三国を通過することを、該第三国は妨げてはならない。

ここで、「妨げてはならない」のであって、当該者に特権免除を与える必要はなく、また場合によってはその経過を許可しなくてもよい。

④第三国は、暗号又は符号による通信文を含む通過中のすべての公用通信に対して接受国が与えるべき自由及び保護と同様の自由及び保護を与えなければならない。

⑤第三国は、旅券査証を与えた通過中の外交伝書使及び通過中の外交封印袋に対して接受国が与えるべき不可侵及び保護と同様の不可侵及び保護を与えなければならない。

⑥上記①〜⑤が不可抗力によって第三国の領域に入った場合には、当該第三国は必要な不可侵権と免除を与えなければならない。

6-6. 接受国の権利

接受国には、条約によって要求権、拒否権、撤回権が認められている。(学問上の分類)。

(1)　要求権

①接受国は承認のためにあらかじめ、使節団付の陸軍駐在官、海軍駐在官、空軍駐在官の氏名の申出を要求できる（第７条）。

②接受国は、使節団の員数を適当に制限できる（第11条）。

(2)　拒否権

①使節団の長について派遣国は事前にアグレマン（agrement）を確認しなければならない。（接受国はアグレマンを与える権利を持つ）。※アグレマン＝同意（第４条）。

②接受国は、外交官に対するペルソナ・ノン・グラータ（persona non grata ／好ましからざる人物）を、いつでも理由を示さずに通告できる（第９条）。

(3)　撤回権

使節団の長について派遣国に対する同意（アグレマン）を撤回できる（第８条）。

(4)　上記三権利の性質

要求権は予防措置、拒否権は適時措置、撤回権は事前措置と認識することができる。

第３章　国際法の主体―国際機関―

この章では、制限された国際法上の法主体である国際機関を扱う。制限されたという意味は、国際機関には憲章と呼ばれているような設立条約があり、その設立条約で認められた範囲内で、他の国際機関や国家と条約を締結することができるからである。この点が国家と異なるので、制限されたという表現になる。

以下では国際機関に関する一般的な事項と、特に国際連合を国際連盟との比較を取り上げる。また【研究】として貿易に関する略史とその結果としての世界貿易機関（WTO）を概説する。

1. 国際機関の法主体性と種類

1－1. 国際機関（組織）

国際組織（国際機関／International Organization）は、通常、政府間国際組織（intergovernmental Organization）を意味するが、近年では非政府間国際組織（NGO/Non-Governmental Organization）を含めて言い表すこともある。後者は、私人又は私的団体によって構成され、オリンピック委員会やアムネスティ委員会などがその代表である。わが国では最近NPO法を制定し、これらの団体の法人化を認め、その活動を促進しようとしている。NGOについては別途の講義を参考にされたい。ここでは、政府間の国際組織について、その特徴を概観することにしよう。

1－2. 国際組織はどのようなものか。

(1) 国家を構成員とする。
(2) 国家間の条約によって設立される。
(3) 恒久的な機関（特に事務局）をもつ

(4)　事務局によって組織（organization）たる実質を持つ（実績、活動がある。）

組織の構成は概ね次のようである。

①総会（加盟国の全体会議で、一般には当該組織の最高意思決定機関である。）（例：国連総会）

②理事会（特定の加盟国のみで構成され、特定の事項についての決定権を有する執行機関である。）

（例：国連安全保障理事会）

③事務局（会議の通知、文章の配布・保管、報告書の作成など、事務的・技術的任務を行なう機関で、加盟国代表ではなく、個人の資格で任命された職員によって構成される。）

（例：国連事務職員＝国際公務員）

1-3. 国際組織の種類と分類-基準-

①加盟国の広がりが世界的なものか、地域的なものか。

世界的なものを普遍的国際組織という。（例：国連、ユネスコ、ILOなどの専門機関）

地域的なものを地域的国際組織という。（例：EEC、ASEAN、NAFTAなど）

②国際組織の任務が一般的なものか、専門的な者か。

一般的なものを一般的国際組織または政治的国際組織という。（例：国連、アラブ連盟など）

専門的なものを専門的国際組織または技術的国際組織という。（例：WHO、ILOなど）

③その他として、特定の国家グループの統合を志向して加盟国が従来有していた権能の一部を肩代わりするような組織がある。（例：ＥＵ）

※これらを「超国家的組織」とも呼び、国家間関係の調整を任務とする①及び②の国際組織と区別する分類もある。

１‐４．法人格

上記の国際組織は国際法上の法人格を持つ。法人格を持つとは、権利義務の主体となること。ではいかなる権利義務を有するのか。それは当該組織の設立条約（例：国際憲章、ユネスコ憲章、ＷＴＯ設立条約など）で決定される。

ただし、国際組織は国家（法主体）とは異なり、積極的に国際法を創造し作り上げる権能を一般的に有していない。その意味では国際法上の制限的主体または消極的主体とも呼ばれる。

１‐５．国際組織の表決制度

国際組織の表決の如何なる場合に行なわれるのか。それは、当該組織の構成国あるいは設立条約で認められた地位のもの（例：国連では事務総長）からの提案を採択することで行なわれる。

採択方法（表決制度）としては①全会一致性、②多数決制、③コンセンサス制がある。

１－５－１．全会一致制

もともとは各国の主権平等の原則にもっとも適合するとして、19世紀以降の政治的な国際会議で採用されてきた。

この考えと方法は、政治的な性格をもつ国際組織に受け継がれ、特に国際連盟も規約第５条１項、２項で、総会及び理事会の表決は、手続事項を除いて、全会一致によることと規定した。

この長所は、全会一致で決定したことについて表決に参加した国家の協力を得やすい。したがって円滑な実施を確保できる可能性が高いことである。

短所はなかなか決定が下せず、組織が迅速に行動できない点である。

この長所・短所のために、現在では全会一致制を採用している国際組織は、経済協力機構（ＯＥＣＤ）、石油輸出機構（ＯＰＥＣ）のような（a）加盟国の範囲が限定され、（b）加盟国間の交渉の場としての正確が強く、（c）決定に強力な権能を付与されている、国際組織に限られている。

１－５－２．多数決制

19世紀後半から国際組織で採用されてきたが、全会一致制との相違は、全会一致制が政治的性格を有する国際組織で採用されたのに対し、多数決は、国際行政連合のうちで外交代表の参加しないものに採用された。つまり、多数決制は（a）非政治的性格の組織、（b）非政治的性格の会議、で採用された。

例えば、国際連盟でも、法的拘束力のない「勧告」や「希望」などについては慣行上、多数決性を用いていた。

しかし第二次大戦後は、全会一致性の短所を考慮し、政治的性格の国際組織も、その設立条約で多数決制の採用を規定するようになった。（例：国際憲章第18条2項「重要問題に関する総会の決定は、出席しかつ投票する構成国の3分の2の多数によって行なわれる。」）。

多数決の問題点として①投票権の配分、②多数決要件、がある。

①の投票権の配分とは、加盟国間の票の配分の問題であり、そこでは「主権平等」と「決定の実行性の確保」とが考えられねばならない。

「主権平等」とは、領土、人口、国力などの差を無視して、形式的に国家を平等に扱うことにし、一国一票を原則とする（例：国際憲章第18条1項「総会の各構成国は、一個の投票権を有する。」）。

しかし、これを貫くと国際組織の決定の実効的な実施を危うくするおそれが出てくる（例：国際連盟）。

そこで「決定の実行性の確保」のために、加盟国の票に(i)「質的な差」と、(ii)「量的な差」を設けることが行なわれている。

(i)「質的な差」

国連安保理の拒否権（veto）などが該当する。非手続事項と呼ばれる重要問題に対しては、常任理事国の一国が反対すれば可決されない。これは国際社会の平和と安全の問題については、常任理事国（英、米、仏、中、露）の責任が大きく、これらの意思を無視できないために、一票に質的な差を設けているのである。

(ii)　「量的な差」

最も古典的な例が「加重投票制」である。これは国際組織の総会の各加盟国の持つ票数を「加盟国に平等に分配する方法」と「出資額に応じて分配する方法」の組み合わせである。これは国際復興開発銀行（世界銀行／ＩＢＲＤ）、国際通貨基金（ＩＭＦ）などの国際金融組織が採用している。世界銀行では、総務会（総会に該当）の各加盟国は平等に一国250票を与えられ、その他に１株（１００万米ドル）ごとに一票を与えられる。古い数字だが、米国が８８５０９票（全体の20％）、ブータン、モルジブが２５６票（全体の０・０６％）である．大株主により多くの票を与える。これは形成的平等を考慮しながら、出資額も考え、国ごとに票数を決めた典型例である。

しかし「加重投票制」では、経済力のある先進国に優越的な地位を与え、途上国が意思決定の際に実質的に参加できないという欠点がある。

そこで途上国を援助する目的の国際組織では、一方で途上国の意志決定への参加を充分に配慮しつつ、他方で先進国の協力も得られるような表決手続を模索している。

例えば、国際農業開発基金（IFAD）では、総務会（総会に該当）の総投票数を1800票とし、（西側）先進国を第一区分グループ、産油国を第二区分グループ、産油国以外の途上国を第三区分グループに分け、1800票を3つのグループに平等に分配し（600票ずつ）、各グループ内では夫々異なる基準で票を分配する。第一、第二区分グループでは加重投票方式、第三区分グループでは均等（平等）方式を採用している。これによって途上国の要請にも応えようとしている。

②の多数決要件は、（i）「票数のみを問題とする」場合、（ii）「加盟国ごとに異なる票数を分配したときに、その他の要件を付加する」場合、である。

（i）「票数のみを問題とする」場合とは、ある提案を可決する際に、過半数の投票を可決の条件とするか、あるいはそれ以上の得票を条件とするか（例：3分の2、4分の3など）ということである。

現在の国際組織では、通常の決定は過半数の得票で、特に重要問題に限って3分の2以上の得票を条件とすることが多い。

（ii）「加盟国ごとに異なる票数を分配したときに、その他の要件を付加する」場合とは、例えば国際砂糖協会協定第13条1項では、加盟国を輸入国と輸出国とに二分し、「一つの提案が双方で採択されなければならない」、という条件をつけたことである。

１‐５‐３．コンセンサス（consensus／一致、同意）制

この方式は最近頻繁に用いられるようになった方法で、表決にあたって事前にできるだけ反対する国が出ないように調整を行い、実際表決では投票無しにて提案を採択する方法である（根回しをし、積極的な反対のないことを賛成多数とみなす。）

これは、主権平等の原則を形式的、機械的に適用するのではなく、採択された提案の実行性を確保するために考え出された一つの方法である。

このように、多数の国家の集まる国際組織では、常に様々な方法で、主権平等と実行性の確保を目指しているのである。

※コンセンサス制で、どうして主権平等と実行性が確保できるのか考えてみよう。

２．国際連合‐国際連盟との比較─

当初の国際組織は、行政的・技術的性質の事項を対象とした国際行政連合だった。第一次大戦前には政治的に重要な事項を対象とする国際組織は未だなかった。

(国際電信連合、一般郵便連合（1878年に万国郵便連合に改称）、工業所有権保護同盟)

①第一次大戦後（国際連盟）

諸国家に共通な問題が広く取り上げられ、包括的な権限が認められた。重要な政治問題（国際の平和と安全の維持といった）を処理するための権限が認められた。国際組織自身が、国際社会のあり方にかかわる。

②第二次大戦後（国際連合）

連盟の経験を生かし、新しい国際環境の下で、より実効的な機能を持つ平和維持機構。平和を維持するための基礎として、経済的・社会的・文化的・人道的な分野における国際協力を重視。以前からある国際組織と戦後新設された国際組織とを専門機関とし、国連と特殊な連携関係に置くシステムをとる（国連ファミリー）。

③地域的国際組織

参加国が一定地域に限定された組織。地域における諸国家間の国際協力をすすめる上で重要な役割を果たす。（例：東南アジア諸国連合／ASEAN、北大西洋条約機構／NATO、経済協力開発機構／OECD等）

2‐1．国際連合

第二次世界大戦勃発により実質上崩壊した国際連盟をついで設立。構造や機能は国際連盟とは異なる。

２‐１‐１．成立過程

第二次大戦勃発後間もなく、参戦していなかったアメリカ国内において、連盟に代わる戦後の新しい国際平和機構についての研究が行われ始めた。しかし、当時は枢軸国側優勢のために連合国側は取り上げる余裕がなかった。

１９４３年後半、連合国側が国際平和機構について、関心を持つ。

１９４３年10月、モスクワにて、米・英・ソの三国外相会議上で取り上げられ、中国も加えて発表された四国共同宣言の中で、世界的国際機関の設立を必要と認める主たる連合国の意向が正式に発表される。

１９４４年８月21日～９月28日米・英・ソ、９月29日～10月７日米・英・中が、ダンバートン・オークス会議開催。関係国政府によって、ダンバートン・オークス提案「一般国際機構の設立に関する提案」発表。但し、安全保障理事会の表決方式や信託統治制度については未決定。

１９４５年２月、米・英・ソのヤルタ会談にて、安保理事会の表決方式や信託統治制度について了解成立。

１９４５年４月25日～約２ヶ月間、米・英・ソ・中の召集により、サンフランシスコにて、憲章を審議するための連合国全体の国際会議開催。ダンバートン・オークス提案に追加と修正を加えて

「国際連合憲章」作成。参加国は、ポーランド（統一政権未成立）を除く枢軸国側に宣戦していた50ヶ国。

1945年6月26日、国際会議の全参加国の署名を得て閉会。

1945年10月24日、憲章第110条所定の批准数を得て、正式に国際連合成立。

1946年1月10日から第一回総会が、イギリスのロンドンにて開会。実質的活動開始。

2・1・2．国際連盟と国際連合の相違点

(1) 国際連合

①戦争継続中に国際連合憲章が作成された。

②中立国を交えない連合国だけの会議で審議し決定された。

③社会主義と資本主義という、体制の異なる国家の協力の下で設立された。

④植民地独立により、発展途上国が多数を占める。（普遍的組織としての性格を強めている）

⑤一定の手続を経れば、中立国や敵国でも国際連合への加入を認めていた。

ただし、原加盟国が連合国だけに限られていた。旧敵国に対して特別措置を認めている。安全保障理事会の常任理事国に拒否権を認めている。

(2)　国際連盟

①平和会議の産物。

②中立国13ヶ国の意見を聞く手続がとられた。

③ソビエト不参加。（ソビエトに対する、資本主義諸国の共同戦線として敵視）

④西欧中心。

２-１-３．国連の目的および行動の基本原則

(1)　目的

国際の平和と安全の維持を主たる目的として設立。さらに、諸国家間の経済的、社会的、文化的、人道的諸問題に関する国際協力の促進を重要な任務の一つとして掲げる。（国際連盟でも経済的、社会的な国際協力について一定の協力はあった）

国際連合憲章第１条に４つの目的を掲げている。

①国際の平和と安全の維持すること

これは、平和機構としての国際連合の基本的な目的。第一次大戦前にヨーロッパで行われていた勢力均衡に代わる安全保障措置として、集団的安全保障を意図したもの。

②人民の同権および自決の原則を基礎とする諸国間の友好関係を発達させること、ならびに世界

平和を強化するために他の適当な措置を取ること
これは、連盟規約には見られなかったもので、ダンバートン・オークス提案では触れられなかったが、サンフランシスコ会議において、四招請国の共同修正案により現行規定が入れられた。
③経済的、社会的、文化的または人道的性質を有する国際問題を解決すること、また、人種、性、言語、宗教による差別なく、人権と基本的自由を尊重するよう国際協力を達成すること
これは、連盟ではみられなかったもの。（憲章第1条3項、第55条c、第62条2項、第76条c他に規定が盛り込まれている）
④これら共通の目的の達成に当たって諸国の行動を調和する中枢となること
（目的として示されているのは、①～③まで）

(2) 行動の基本原則

①「すべての加盟国の主権平等の原則」に立脚
②加盟国の憲章に規定された義務の誠実な履行
③国際紛争の平和的解決
④武力による威嚇又は武力の行使の制限
⑤加盟国の国際連合への協力義務

⑥原則に従った非加盟国の行動の確保
⑦国内管轄事項への不介入（憲章７章に基づく強制措置の適用を妨げず）
※加盟国としての一般原則を示したものは、③、④、⑤の原則。

(3)　国際紛争の平和的解決（憲章第６章が規定。）
①武力による威嚇又は武力の行使の制限
これは、国際連盟規約や不戦条約中の「戦争」という用語ではなく、「武力による威嚇又は武力の行使」という表現になっているのは、「戦争」が戦意の表明があった場合に限られる恐れがあるため。
②加盟国の国際連合への協力義務
これは、憲章42条による軍事的強制措置の場合は、安全保障理事会と特別協定を締結していなければ、協力義務はない。
③国内管轄事項への不介入
これは、憲章第2条7項で規定。国際連合の国際平和機構としての機能を制約する。国際連合が、国際協力の面での活動を広範に予定している関係から、国内管轄事項に介入する虞があることを考慮。

（i）　国内管轄事項についての規定形式

国際連盟規約では、「国際法により、もっぱら」国内管轄に属する事項。国際連合憲章では、「本質上」国内管轄に属する事項。

（ii）　国際関心事項

国家間の友好関係を害する恐れがある、国際の平和や安全を危うくする恐れのある事項は、国際関心事項として国際連合で取り上げられる。植民地から独立した国々の加入が増えたことにより、人種差別問題などが国際関心事項とされるようになった。

（iii）　干渉

憲章中の「干渉」とは、単なる「干与」と解釈。加盟国一般に対する勧告、当該国家に対して否定的な意味合いを持たないものは「干渉」にならない場合がありうる。

2-1-4．加盟国

国際連盟に比べ、国際連合加盟国の数は多い。現在では、発足当時の51ヶ国の三倍以上の数に上る。大国のすべてが参加し、植民地から独立した新興諸国も多く含まれている。そのため、発展途上国の発言力が大きくなっており、植民地の独立や人種差別問題が取り上げられるようになってきた。

①当初は、連合国中心で、原加盟国は、サンフランシスコ会議における連合国会議に参加又は、

連合国宣言に署名した国で、国際連合憲章に署名し且つ第110条に従ってこれを批准するもの。
②加入手続きが厳しくなっている。憲章に掲げる義務を受諾し、国際連合によって、この義務を履行する能力および意思があると認められること、平和愛好国であること（憲章第４条1項）。
③認定手続きとして、国際連盟では総会の３分の2の同意が必要であったが、国際連合では安全保障理事会の勧告に基づいて、総会が決定。安保理事会の勧告は、拒否権を持つ常任理事国５ヶ国が一致して賛成する必要がある。
ただし、発足以来、９回総会までに30ヶ国が加入を申請し、安全保障理事会の勧告が得られて認められたのは９ヶ国。

2-1-5. 機関

国際連盟に比べ、機関の数は多くなっている。

(1)　国際連合の主たる機関

①総会、②安全保障理事会（連盟の理事会に相当）、③事務局、④経済社会理事会（連盟の理事会が担っていた、経済的、社会的分野を担う）、⑤信託統治理事会（連盟の理事会の補助機関であった常設委任統治委員会に相当）、⑥国際司法裁判所（常設国際司法裁判所に相当）。

※国際連盟の場合は、総会、理事会（経済的、社会的国際協力に関する仕事を担う）、事務局。

(2)　国際連合の総会

加盟国全部の代表が参加。「世界の討議場」としての実質を備えた、中心的な機関。各加盟国は5名以下の代表を出席させることができるが、1個の投票権しか有さない。

一般的権限は、憲章第10条で規定。すなわち、憲章の範囲内にある問題若しくは事項、憲章に規定する機関の権限及び任務に関する問題若しくは事項を討議し、第12条に規定する場合を除き、加盟国若しくは安全保障理事会に対して勧告することができる。（サンフランシスコ会議において挿入された）

憲章第12条は、安全保障理事会が憲章によって与えられた任務を遂行している間、その要請がない限り勧告してはならない、（審議は可能）と規定する。総会の具体的権限は以下のようである。

憲章第4条2項「国際連合への加入」

憲章第5条「加盟国の権利停止」

憲章第6条「除名」

憲章第17条「除名の決定、予算の審議・承認」

憲章第13条「国際協力の促進並びに国際法の全身的発達と法典化の奨励」

憲章第14条「平和的調整のための勧告」
憲章第16条「通常の信託統治に関する監督」
また、総会の表決は、多数決方式を採用。但し以下の場合がある。
①重要事項は、「出席しかつ投票する加盟国の3分の2の多数」
②それ以外は、「出席しかつ投票する加盟国の過半数」
③重要事項の追加は、「出席する加盟国の過半数」
※重要事項については、憲章第18条2項に例示あり。
総会の決議は、一般に勧告的な効力しか認められておらず、法的な拘束力はもたないが、自身の内部運営に関してなされる決議には法的な拘束力を持っている。
その他、経済社会理事会と専門機関との連携協定を承認し、また、専門機関との財政上および予算上の取極を承認する権限においての決議も法的な拘束力を持つ。

⑶　安全保障理事会

(i)　安保理事会は、常任理事国5ヶ国と非常任理事国10ヶ国から構成される。
①常任理事国とは、アメリカ、イギリス、フランス、ロシア連邦共和国、中国
②非常任理事国は、総会によって選挙され、二年の任期。（退任理事国は再選資格を持たず）

※連盟の理事会の常任理事国は固定的なものではなかった。理事会の発議に基づき、総会の決議によって自由に追加することができた。常任理事国と非常任理事国との相違は、任期のみ。

※安全保障理事会の常任理事国について、常任理事国の追加手続きは、憲章中に規定がない。常任理事国と非常任理事国との相違は、任期だけではなく、常任理事国は強力で広汎な権限をもつ（拒否権）。

(ii) 総会と安全保障理事会との権限の関係

国際連盟のときは、総会も理事会も、連盟の行動範囲に属するすべての事項を処理する権限が認められていた（競合の関係）。

国際連合になると、総会には一般的権限が認められている。安全保障理事会には国際の平和と安全の維持に関する権限が認められている（国際の平和と安全の維持に関することで国際連合が強制措置をとる際の中心となるのは、安全保障理事会）。

(iii) 安全保障理事会の表決は、多数決方式。

但し、①手続上の事項に関する場合は、9理事国の賛成投票で決まる。②それ以外の事項に関する場合は、拒否権に左右される、つまり全常任理事国の同意投票を含む、9理事国の賛成投票（約3分の2）が必要。

憲章第27条3項但書では、紛争の平和的解決の場合、紛争の平和的解決を付託する場合は、紛争当事国は投票を棄権しなければならない。

安全保障理事会の決議には、加盟国を法的に拘束する効力が認められている。憲章第25条は、加盟国は、安全保障理事会の決定を、憲章に従って受諾し且つ履行することに同意する、としてる。

※国際連盟の理事会は、加盟国に対する行動指示はすべて勧告的なものだった。

※国際連合では安全保障理事会だけは、法的拘束力を持つ決議を行うことが認められる。

⑷　経済社会理事会

総会の選挙によって選ばれる54の理事国から構成（１９７３年の憲章改正で54カ国に増加）。すべて非常任理事国で、発足当時は18ヶ国。

任期は3年で、毎年18ヶ国ずつ改選される。（退任理事国は再選資格を持つ）

各国は１票の投票権を持つ。

経済社会理事会の表決は、単純多数決。すべて、出席しかつ投票する理事国の過半数（事項による区別はない）。

憲章第９章に掲げられた国際協力についての責任を、総会の権威の下に果たす任務を持つ。（サンフランシスコ会議において、主たる機関としての独立した地位を認められた。）

経済社会理事会は、その任務を遂行するために、研究および報告を行い、総会や加盟国および関係専門機関に勧告を行う権限をもつ。

人権及び基本的自由の尊重および遵守を助長するために、総会に提出するための条約案を作成し、国際会議を招集しうる。

活動形態は、国際的に活動する他の政府間組織と連携関係を持ち、これらを専門機関として広く活動する。（専門機関として連携関係に入ることが認められているのは、政府間組織のみ）

経済社会理事会は、専門機関との協議やそれに対する勧告、ならびに総会、国連加盟国に対する勧告によって、専門機関の活動を調整。専門機関から定期報告を受け、その取極の下で、勧告を実施するためにとった措置について報告を受ける。

(5) 事務局

安全保障理事会の勧告に基づいて総会が任命する一人の事務総長と、事務総長が総会の設ける規則に従って任命する職員とで構成。

事務総長は、①国際連合の行政職員の長（憲章第97条）、②国際連合の事業について年次報告を行う（憲章第98条）、③国際の平和と安全の維持を脅威すると認める事項について、安全保障理事会の注意を促すことができる。（憲章第99条、連盟の事務総長には認められていなかった）。

第４章　国際法の客体―空間―

１．地的管轄権と客体説・空間説

地的管轄権とは、空間に対する国家管轄権を意味する。管轄権とは、国家主権を機能の面から表した表現で、次の３種類に分けられる。立法管轄権（いわゆる立法権のことで国会／立法府が担当）、執行管轄権（いわゆる行政権のことで、政府／行政府が担当）、司法管轄権（いわゆる裁判権のことで、裁判所が担当）に分類できる。

国家の地的管轄権の及ぶ範囲の中で、国家主権が完全に及ぶ範囲を領域という。領域は領土と領空からなり（領海を有する国家もある）、その性質については二説ある。

①客体説

領域を国家の有する領土権の本質、国内法上の所有権に類するものととらえ、国家はその領域を任意に使用し処分し得る客体として領有しているとする考え。

②空間説

領域をもって国家の統治の行なわれる空間、あるいは国家の権限の及ぶ場所的範囲とみるもので、領域権とはかかる空間または権限そのものをいい、領域そのものに対する権利ではないとする考え方。

しかしいずれの考え方も領域権の自明を示すだけであり、本質をすべて説明していない。つまり、領域権は一面において国家の所有の客体としてその使用・処分の対象たる性質を有するとともに、多面においては国家が原則として排他的に自由な統治を行える空間たる性質を帯びている。

2. 海洋法

地球の約七割は海洋といわれている。その海洋若しくは水域に関する国際法を海洋法と総称しており、これまで多くの関係条約が成立してきた。そのなかで国連海洋法条約は、約20年の歳月を費やした水域に関する法の集大成という意義を有している。以下では当該条約に沿って、水域のルールを概説する。

２-１．国連海洋法条約に基づく規定内容

２-１-１．内水

領土とは、「土（陸地）」の部分と「水（内水）」の部分を含む名称である。内水は次のように分類されている。

(1)　河川

国内河川と国際河川（諸問題の発生）、各河川委員会（ライン川中央委員会、ダニューブ委員会等）の設置による国際河川の独立化

(2)　湖沼

複数国に跨る湖沼で、関係国の合意によるルール作り

(3)　運河

国内運河と国際運河（パナマ運河、スエズ運河など）があり、それぞれ歴史と内容が異なる

(4)　港

「領土の最も外側に面して設けられた国家の永久的人工施設で、艦船が停泊し、積荷・荷場・乗船・下船を行なうところ。」（定義）

(i)　国際法上、領土（陸地）とまったく同一の地位をもつ。特別の条約がない限り、外国船の入

港・停泊を認める必要はない。(ただし、海難・不可抗力の場合は除く。) 例:寄港船から港湾税・設備使用料などを徴収できる。

(ii) 港にある外航船に対する裁判権については、イギリス主義(沿岸国の裁判権を認める)、フランス主義(沿岸国の裁判権を認めない。但し沿岸国の秩序・安全を害する場合には、裁判権を認める)があり、未だ確定していない。

(5) 湾

「三方を陸地に囲まれ、奥深く、一つの海峡によって公海につらなる領域。」(定義)(入江も湾の一種)

※海峡とは、二つの海を連絡する狭い海をいう。

(i) 国際法上、領土(陸地)とまったく同一の地位をもつ。

(ii) 湾入の面積が、湾口を横切って引いた線を直径とする半円の面積以上でなければならない。

※歴史的湾もある。

(6) 内海

「2つ以上の海峡で外界とつながっている海。」(定義)

(i) 国際法上、領土(陸地)とまったく同一の地位を持つ。

(ii) 海峡の幅がそれぞれ24海里(海里)よりも狭く、沿岸が一つの国に属している場合。

２‐１‐２．領海

領海とは、「領土に沿う一定の範囲の海域からなる部分で、国家の排他的管轄権の及ぶところ。」

(1)『海洋法に関する国際連合条約』(国連海洋法条約／１９８２年国連総会採択)

第３条（領海幅）は、12海里を超えない。

第５条（通常の基線）は、海岸の低潮線。

第７条（海岸線が複雑な場合）は、「直線基線の方法」を用いる。

第15条（国家の海岸に向かって、隣接している場合）は、特別の合意による。また特別の合意がない場合は、両国の基線から等距離になる中間線を境界とする。

(2)「排他的管轄権の及ぶ」の意味

①領海内の漁業を自国民の専属的事項にできる。

②外国船の沿岸航行及び沿岸貿易を排斥できる。

③領海内で警察権・管理権を排他的に行使できる。(様々な規則の規定など)

但し例外として、外国船には、「無害通航権」がある（国連海洋法条約第17条）。

「無害」とは、「沿岸国の平和、秩序または安全を害しない限り」（第19条1項）

「有害」とは、第19条2項（a）から（l）参照。

無害のときは、外国の商船・軍艦は、沿岸国の承認なしに自由に航行できる。但し、潜水艦は浮上し、海面上を旗を揚げて航行すること（第20条）。

(3) 領海航行中の外国船内の犯罪について、沿岸国の民事裁判権と刑事裁判権が及ぶか

(i) 民事裁判権は、原則として行使できない。民事裁判権を行使するために、領海通過中の外国船舶を停止させたり、航路を変更させることはできない。但し、例外（民事裁判権を行使できる場合）として、当該外国船舶が、①領海に停泊している、②内水を出て領海を通行している、③内水を出て領海を通過しようとする場合は、行使可能である。

(ii) 刑事裁判権は、次の場合には行使できる（第27条）。①犯行の結果が沿岸国に及ぶ場合、②犯罪が沿岸国の平和または公共の秩序を乱す性質のものである場合、③その船舶の船長又は旗国の領事官又は外交官によって、沿岸国の当局に対し援助要請があった場合、④麻薬又は向精神剤の不法な取引を防止するために必要である場合

2-1-3. 接続水域-歴史と継続追跡権-

（1）　接続水域とは、「沿岸国が、外国船による密輸入・密入国・伝染病の侵入などを防止するために、その管轄権を行使できる範囲として、領海に接続する外側の公海上に設定した一定範囲の水域。」（定義）
これは、１９２４年のアメリカの「禁酒法」制定から始まり、国際社会で慣行となり、国連海洋法条約によって明確に規定された。

（2）　国連海洋法条約第33条は、沿岸国は、自国の領海に接続する水域で、接続水域において、次のことに必要な規制を行なうことができると規定する。
①自国の領土、または領海内における通関上、財政上、出入国管理上、または衛生上の法令の違反を防止すること。
②自国の領土または領海内で行なわれた①の法令違反を処罰すること。接続水域は、領海の幅を推定するための基線から24海里を超えて拡張することができない。

（3）　継続追跡権とは、「外国船が沿岸国の法令に違反したと信ずるに足りる充分な理由があるときは、その船舶を拿捕するために公海にまで追跡することができる権利」（定義）（国連海洋法条約第１１１条）

継続追跡権は、外国船が追跡国の内水・群島水域・領海または接続水域にある時に開始されなければならない。但し、この追跡権は、その船舶が旗国または第三国の領海に入った場合には消滅する。

2-1-4. 排他的経済水域

(1) 排他的経済水域とは、「領海の外側に設定される、基線から測って200海里までの水域。」(定義)領海とも公海とも異なる水域であり、国連海洋法条約の定めに従う。

従来は、領海の外側の公海において、すべての国に漁獲の自由が認められていた。しかし海洋先進国による沿岸沖資源の乱獲・乱用が生じ、規制の必要性が叫ばれ始めた。

1972年にアフリカ諸国が「排他的経済水域」を主張し始める。これは200海里までの海域にあるすべての天然資源に沿岸国の主権的権利を主張であった。そこでアフリカ諸国と海洋先進国との間で、「海の自由」と「海の制限」との論争が行なわれる。1972年国際連合総会決議3016で排他的経済水域を認める。1973年国際連合総会決議3171で排他的経済水域を認める。それらの積み重ねの結果、国連海洋法条約(1982年)に当該制度が導入された。

(2) 沿岸国の権利

①海底の上部水域ならびに海底およびその下の天然資源の検査、開発、保存および管理のための

主権的権利。
②この水域の経済的な検査、開発のための他の活動に関する主権的権利。
③人工島、設備および構築物の設置と利用。海洋の調査。海洋環境の保護および保全に関する管轄権。
④この条約に定める他の権利。

(3)　沿岸国の義務
①排他的経済水域内の生物資源を保全するための措置。
②生物資源の最適利用の促進。
③自国がそのすべてを漁獲する能力を有していない場合には、余剰分については他の国の入漁を認めること。

(4)　すべての国の権利と義務
①排他的経済水域において、航行の自由、上空飛行の自由、海底電線および海底パイプライン敷設の自由をもつ。
②国連海洋法条約に矛盾しない限りで、公海制度に関する規制の適用を受ける。

③この水域で海洋の科学的調査を実施しようとする国はその調査について沿岸国に同意を得なければならない。

※沿岸国の生物資源の保全措置義務と入漁認可義務などを組み合わせれば、重要な政治上のカードとなる点に注意しなければならない。

2-1-5. 大陸棚

(1) 大陸棚とは、「海底地形の如何にかかわりなく、沿岸から200海里までの海底を大陸棚とし、また大陸棚縁辺部がそれ以上に伸びている場合は、その外縁までの海底が大陸棚となる。」(定義)

(2) 歴史をみると、科学技術の発展により海底の資源開発が可能となる。第二次世界大戦中にミシシッピ州沿岸で海底油田が発見される。そこでミシシッピ州、アラバマ州、テキサス州の間で油田の帰属地をめぐる争いが起こる。当時のトルーマン大統領が大陸宣言をし、これが後に世界的に広がった。

(3) 国連海洋法条約における大陸棚制度

(i) 大陸棚の境界が、向かい合っている場合、隣接する場合は次の順序による。

①合意による。②調停に付託する。③合意の達成に努力しつつ暫定的積極を締結する。

(ii)　島の大陸棚について、従来は、「すべての島が大陸棚を有する。」としていたが、国連海洋法条約では、大陸棚を有しない島として、①人間が居住できない島、②独自の経済的生活を維持できない岩石の島を規定した。その結果、わが国の沖ノ鳥島には、大陸棚がなくなってしまった。

※大陸棚の境界画定については【研究】を参考にすること。

2-1-6. 深海底の開発

(1)　深海底は「人類の共同財産」(国連海洋法条約)であり、そのため、①いかなる国も主権的権利を主張してはならない、②深海底から得られる利得は人類全体に配分、③深海底の開発は国際海底機構が中心となること、が定められた。

(2)　国際海底機構を中心とする開発が規定される。パラレル方式の採用(parallel／同時進行・平行・一緒に行なう)。深海底の開発制度における最大の問題点は、①先進国の先行投資への配慮を欠く、②知的所有権を守れない、ことであった。ゆえに米国は国連海洋法条約に加入しなかった。ただし、米国はほとんどすべての部分に関して、国連海洋法条約の規定に従って行動している。

２-１-７．群島理論

(1) 群島水域とは、「大洋の散在にする群島だけから構築される群島国家の一群の島の間にある水域」（定義）であり、群島国家の例として、フィリピン、インドネシアがある。

(2) 群島基線とは、群島の最も外側にある島々を結ぶ群島基線を引き、その基線の内側を群島水域とする。その外側は領海・接続水域・排他的水域。

(3) 群島水域について、①基線内の水域と陸地との割合が1対1～9対1の間であること、②基線の長さは100海里を越えてはならない、③基線は、群島の一般的輪郭から著しく離れて延いてはならない。

また、群島水域は群島国家の主権の下におかれる。しかし、すべての国家の船舶は、無害通航権を持つ。それに対して群島国家は国家の安全のために必要な場合には、無害通航権を一般的あるいは一時的に禁止することができる。

その代わりに、群島国家は、一定の航路帯（シーレーン）を指定できる。すべての船舶・航空機はこの航路帯を使用する権利を持つ。それを「群島航路帯通航権」といい、航空機にも認められる。

２-１-８．国際海峡

(1)　国際海峡とは、「二つの相対する陸地にはさまれ、一つの海域と他の海域とを結ぶ水路であり、その二つの海域が共に公海または排他的経済水域であって、特に重要な国際航路に使用されている海峡。」（定義）例：津軽海峡、マラッカ海峡

(2)　かつて海洋は、船舶航行の自由が認められていた。領海12海里にすると、国際海峡がすべて特定国の領海となってしまう場合が生ずる。そこで国連海洋法条約は、「通過通航権」を設定した。これは、「国際航行に使用される海峡及びその上空において、その航行通過を妨げられない権利。」であり、すべての国の船舶・航空機が享受できる権利である。
その条件は、国連海洋法条約第39条、第40条に以下のように規定されている。
①海峡の通過、上空の飛行を遅滞なく行なうこと。
②通行中、武力による威嚇または武力の行使を慎むこと。
③継続的かつ迅速な通過に付随する活動以外の行動を慎むこと。
④海上安全のため、一般的に受託された国際規則・手続及び慣行に従わなければならない。
⑤通過中の航空機は国際規則を遵守し、指定された無線周波数を常に聴取しなければならない。
⑥沿岸国の許可なしに、調査・測量をしてはならない。

(3)　沿岸国について（同条約第42条）

①いかなる場合も、沿岸国は通過通航を妨害してはならず、いかなる場合も通過通航を停止してはならない。

②通行安全のため、航路を指定し、かつ航行分離制度を採用することができる。またその他の通過通航に関する法令を制定し施行することができる。

2・1・9. 汚染防止の制度

(1)　公海では、伝統的に船舶は原則として旗国の排他的管轄権に属する（旗国主義）とされてきた。したがって船舶の汚染行為を処罰できるのは旗国のみであった（実際に被害を受けているのは沿岸国）。しかしトリーキャニオン号事件（1967年）によって旗国主義への反省は生まれた。

(2)　国連海洋法条約では、旗国は、海洋汚染防止に関する国際的な規則・基準を実施するために、①法令を規定すること、②その法令および基準を実効的に執行すること、③自国船舶の違反についてすみやかに調査を行ない、必要な手続を開始すること、を規定した。

また入港国は、外国船舶が公海で違法な汚染を行なった後に入港した場合、その船舶を調査して違反の証拠が確認できたならば必要な手続を開始できる。

沿岸国は、公海での違法な汚染行為について管轄権を行使できないが、自国の排他的経済水域あるいは領海を航行中の汚染行為（自国法違反）については、手続を開始できる。

同条約によれば、①いずれの国も海洋汚染を防止・減少・規則するために可能な限りの最善の手段を用い、あらゆる必要な措置を採らなければならない。②いずれの国も国際的な義務違反による海洋汚染について、損害責任を負う。③いずれの国も自国の自然人・法人の汚染行為に関し、損害の保障およびその他の救済政策を用意すること。

3. 空法

空法には、航空法（航空公法・航空私法）と宇宙法がある。共にほぼ独立した法分野を形成しているので、それぞれの専門書を読んでもらいたい。ここでは概略を示すに留める。

3-1. 航空法（公法）

(1)　領空の設定は、航空機の出現から始まる。その結果、「領空」とそれ以外の空域を区分するようになる。1919年「国際航空条約」（パリ条約）において「領空主義」を認め、領空主権が始まった。

(2)　領空主権とは、領空における「完全かつ排他的な主権」。これは、第一次大戦で航空機が軍事的に使用されたために注目され、必要とされたのである。この観念が 1944 年「国際民間航空条約」(シカゴ条約)に引き継がれる。この段階で「領空主権」は、国際法上、すでに確立したルールになった。

(3) 領海では「無害通航権」が認められているが、領空ではこのような権利は認められていない。なぜならば、領空飛行は領海通航にくらべて国家の安全に影響を与える度合いが強いからである。

(4) シカゴ条約は、民間航空機(私航空機)のみに適用される。その原則は、他国の領空を飛行するとき、下土国の許可を得なければならない。反対に領空以外の領域では、すべての国の航空機は自由に飛行できる。また特例として、定期国際航空業務に従事しない限り、他の締結国領域内へ、①事前の許可なく、②飛行または無着陸横断、③着地(運輸以外の目的で)する権利を持つ。

(5) 定期国際航空業務に従事する私航空機は、二国間条約で決定される「路線権」(二国間で決定された路線を使用する権利)に基づいて運行されている。争点は、「以遠権」(特定路線上にある相手国の地点と第三国の間を運輸する権利)である。

(6) ハイジャック防止条約は、私航空機のみに適用される。例:張振海事件、ミグ戦闘機事件を参照。

3-2. 宇宙法

(1) 領空と宇宙空間の境界

領空が国家の地的管轄権の対象になることはわかった。では宇宙空間（outer space）はどうであろうか。まず領空と宇宙空間との境であるが、かつては様々な見解が表明されていた。例えば、鳥が飛べる高さであるとか、有人飛行機が航空可能なところまで、などである。しかし、科学技術が発達してコンコルドやスペースシャトルが現実化すると、これまでの主張は根拠も意味も持たなくなってしまった。

そこで今でははっきりとした規定は無いが、国家の実行をもとに、通常は地上90km～100kmくらいが領空（または空）と宇宙空間との境目といわれている。この根拠には諸説あるが、人工衛星が自力で地球を最低限1周できる高度が、この位置であるというのが有力である。

ただし、境界の設定如何によって、スペースシャトルが、航空機（aeroplane／airplane）なのか、宇宙機（space vehicle）なのか、及びそれに伴う適用法規の相違という重大な問題が控えているので、安易な結論は出すことができない。

(2)　宇宙条約 - 宇宙空間の憲法 -

宇宙空間及び天体（地球を除く）に対しては、アポロの月面着陸を始めとして、有人・無人の調査機を用いて、特定の国家がすでに様々な活動を展開している。かつての国際法のルールであった「先占の法理」に基づけば、すでに月は米国の領土になっているはずであるが、現実はそうではない。

米国自身も自国の領有権を主張していない。なぜならば、国家は宇宙空間（天体を含む）に領有権を主張できないことになっている。

その理由は、宇宙空間の憲法とも称されている宇宙条約の第2条で「月その他の天体を含む宇宙空間は、主権の主張、使用若しくは占拠又はその他いかなる手段によっても国家による取得の対象とはならない。」と明確に「領有権の否定」が定められているからである。

同時に宇宙条約は、宇宙空間の探査及び利用は「すべての国の利益のために」、「平等の基礎に立ち」、「自由に」立ち入り、探査及び利用ができるとしている（第1条）。また同条約はさらに、月その他の天体を含む宇宙空間に関して、国連憲章を含む国際法に従って「国際の平和及び安全の維持並びに国際間の協力及び理解の促進のために」活動しなければならないこと（第3条）、大量破壊兵器並びに核兵器を宇宙空間に配置してはならないこと、月その他の天体は「もっぱら平和的目的のために」利用されなければならないこと（第4条）を規定している。

この他にも宇宙条約は、国家の責任（第6条）、損害に対する当事国の責任（第7条）、有害な汚染・干渉の禁止（第9条）などを定めており、前文及び全17条からなっている。大変に短い条約ではあるが、その内容は宇宙活動に関する基本原則を定めたものであり、かつ宇宙関係の多数国間の条約としては最初に成立したため、その有する意味は非常に重いものである。

(3)　宇宙法

国際社会は宇宙条約を皮切りに、宇宙活動に係わるいくつかの条約を締結し、それらを総称して宇宙法と呼ぶようになった。以下に列記してみよう。条約名は略称を用いる。どれも2000年４月現在の状況である。各条約の内容は、条約集を参照されたい。

①宇宙条約（全17条）（１９６６年採択、１９６７年発効、日本国１９６７年発効、91カ国）

②宇宙救助返還協定（全10条）（１９６８年作成、１９６８年発効、日本国１９８３年発効、83カ国とＥＳＡ）

③宇宙損害責任条約（全28条）（１９７２年作成、１９７２年発効、日本国１９８３年発効、76カ国とＥＳＡ及びＥＵＴＥＬＳＡＴ）

④宇宙物体登録条約（全12条）（１９７４年採択、１９７６年発効、日本国１９８３年発効、40カ国とＥＳＡ）

⑤月協定（全21条）（１９７９年採択、１９８４年発効、日本国未発効、９カ国）

⑥宇宙基地協定（全28条及び付属書）（１９９８年作成、未発効、日本国未発効〔１９９８年国会承認・受諾書寄託〕、加米日露ＥＳＡ）

（4）　宇宙活動及び宇宙法の将来

宇宙法の原則のひとつが宇宙の平和利用であるが、冷戦時代における米ソの諸活動から、禁止される軍事利用の範囲がある程度広くなってしまったことは否めない。しかし冷戦の終結によって、従来の宇宙の軍事利用という基軸が、地上の市場経済化の影響を受けて、宇宙の商業化ともいうべき方向に大きく変化し始めている。

これまでは静止軌道の問題や、放送衛星の電波範囲の問題などが議論されてきた。しかし、これらも東西冷戦の文脈で指摘される場合が多く、純粋な商業化あるいは民営化に言及されたのは、ようやく近年になってからである。特に宇宙基地が現実化しつつある現在、その中で発明されたものの特許権・地的所有権の問題や、宇宙観光旅行、宇宙からの撮影物の配信など、直接かつ即時に商業化の可能な状況にある。そしてその収益の高さと権益の重要性を国家が見逃すはずは無く、宇宙の平和利用から進んで、国家の対外政策を背景にした宇宙の商業化が進展しつつある。

このような状況の中で、宇宙法は基本原則のみを定めるだけでは諸活動のニーズに追いつかなくなっている。しかし、ここで重要な点は、天体を含む宇宙空間という領有権の無いいわば国際公域に関するルールを、どこで、いかように作成するかである。一部の国家のみで当該ルールを作成した後にそれを開放すると、「持てる国」と「持たざる国」と同様の問題が生じ得るし、あるいはすべての国家が参加する場で作成すると、先行投資に対する配慮を欠く可能性が生まれる。慎重を期さねばならないが、一部国家による既成事実の確立も危惧される。

特に我々が考えなければならないのは、日本国の政策である。これほどの技術を有していながら、どちらかというと国際法の成立過程においては追従の態度をとってきた。しかしこのままでは日本国にとって有利な法内容ができるとは考えられず、その点を充分に意識しながら、法政策を遂行すべきであろう。これからの者に負わされた課題である。

4．南極大陸

南極大陸を誰が最初に発見したかという問題は多くの主張があり、難しい問題である。多くの学者たちはこの発見の名誉を、アメリカ人船員ナザニエル・ブラウン・パーマー（Nasaniel Brown Palmer）に与えているが、イギリス人探検家エドワード・ブランズフィールド（Edward Bransfield）やロシア人探検家タウデス・フォン・ベリングスハウゼン（Thaddeus von Bellingshausen）に与えるべきとの意見もある。この三者は1820年～1821年にかけて南極の周辺を航海していたが、パーマーだけがその航海日誌に、南極半島として知られる垂直の氷壁を見つけたことを記しており、他の二者には記録を掲載したものがない。

この「第一発見者」がなぜ重要かというと、ヨーロッパ諸国の植民地拡大時代においては、発見は国家の所有と主権のための法的な基礎を構成していたからである。

しかし、無主の土地であり且つ南極のような遠隔地に法律上の所有を確立することに関して、発見の理論だけでは充分とはいえなかった。そこで「実効的な占有」や「建設的な占有」の理論が時として持ち出されたのである。

南極に対する実効的占有は非常に困難であり、発見の理論に基づいても不明確な点が指摘されたので、各国は南極に対する領域を請求した。それが「セクター説」と呼ばれる方法である。

1961年に南極条約が発効した。その第1条では南極の科学的目的を含む平和利用のみに使用することができると定められた。また第4条は、「南極条約は、領土請求を承認し、争い、設定するものではなく、いかなる新たな請求も、当該条約が効力を有する間は主張されてはならない。」と定め、これで主権の主張（領土請求）を凍結した。しかし、領土請求の放棄や永久的禁止ではなく、条約有効中の凍結に過ぎない点に特徴を残している（※1）。

南極条約については、さらに多くの問題が含まれているが、それらは下記の文献を当たってもらいたい。特に、南極は領土請求の対象から、現代では地球環境問題のキーポイントの一つになっており（※2）、論点の移動が見られる重要な研究対象となっている。

※1　日本はサンフランシスコ平和条約で、南極領域に関する請求・権利・権限を放棄した。ま

た南極条約を批准した最初の国でもある。

※２　近年では南極条約システムと呼称される多数の条約によって資源開発の制度が組み立てられ、マドリッド議定書で環境問題を扱っている。次の文献が詳しい。ラリー・マルティネス「南極制度」龍澤邦彦監修『国際関係法』（丸善プラネット、１９９６年）所収、pp.563 ～ 598.

第５章　国際法の客体―人―

1. 人的管轄権と国籍の付与

人的管轄権とは、人に対する国家管轄権を意味する。近年は当該分野を国際人権法と呼称している。人は、通常、国籍によって国家と結び付けられている。

1-1. 国籍（nationality）

(1) 国籍とは、「個人（私人）を国家に結びつけるための法的な絆」であり、個人は、国籍を通じて国際法に規制される。（日本人とは日本国籍者、アメリカ人とはアメリカ国籍者、という意味しかない）。

(2) 国籍付与とは、いかなる者に国籍を与えるかということであり、各国の自由に決定し得る事項(国内管轄事項)となっている。

(3) 国籍取得の一般的規準(国籍法の規定)は、「国籍唯一の原則」を基にして三種ある。

(ⅰ) 出生(birth)による取得①血統主義(父系血統主義・母系血統主義・父母両系血統主義)、と②出生地主義がある。重国籍・無国籍の調整は、各国間の条約による。

(ⅱ) 帰化(naturalization)の条件は、各国の国籍法に基づく。国家との結合関係については「真正な関係」(genuine link)を必要とする(ノッテボーム事件・国際司法裁判所判決・1955年)。

ⅲ 復籍(re-integration)とは、帰化したものが元の国籍に戻ること(再取得)をいう。

(4) 企業の国籍

19世紀後半以降、国境を超えた私企業の活動が増加し、課税問題を始めとして、国内法上、外国法人と国内法と区別する必要が生じた。内外法人の区別方法として、設立準拠法説・住居地説(業務中心説・事務所所在地説)などがある。また国際法上、設立準拠法の国が保護を行なう権利をもつ。企業に関しては国際私法を参照のこと。

1-2. 事例研究

【事例1】「中国残留日本人の国籍」

(1)　問題の所在

１９３２年、日本は、中国東北部に満州国を作り、そこに多数の移民を送り込んだ。終戦前には、開拓団や南満州鉄道などで働く者やその家族が、約１５０万人も住んでいたとのことである。しかし、１９４５年8月9日、ソ連が参戦すると、これらの人々は広い中国の大地を逃げまどい、帰国する術もなく取り残されてしまった。とりわけ小さな子供は、逃げる時の足手まといになるから、中国人に預けられたり、親が死んだために、中国人に引き取られたりした。また、女性は、中国人に売られたり、生き残るために、自ら中国人の妻になった。このようにして身元が分からなくなった子供を「中国残留孤児」と呼び、中国人と結婚して残った女性を「中国残留婦人」と呼んでいる。（まとめて、中国残留日本人という。）

近年、中国残留日本人の帰国が進んでいる。そこで諸問題が生じているが、その一つに、彼らに日本国籍を認めるかどうか、という問題がある。よって、以下、中国へ帰化した者、身元不明孤児の国籍について、判例を見ながら論じる。

(2)　中国残留日本人の国籍

①中国へ帰化した者

原告は、昭和11年5月23日、日本で日本人の父母から生まれたが、その後、家族全員で満州に渡ったところ、父母が死亡したため、中国人に養育され、昭和27年12月、中国人男性と結婚した。昭和28年頃から、原告は、「外僑居留証」（定住外国人の証明書）を交付され、一定期間ごとに更新していたが、昭和38年頃になって、更新の通知が来なくなった。そして、昭和51年4月30日、中国のパスポートを所持して来日したところ、中国に帰化した者であるから、日本国籍を失ったとして、除籍された。中国残留日本人は、たとえ戸籍が残っていても、すでに中国に帰化して、日本国籍を失ったと認定された場合には、除籍される。なぜなら、「日本国民は、自己の志望によつて外国の国籍を取得したときは、日本の国籍を失う」からである（昭和59年改正前の国籍法8条、改正後11条）。これに対して、国籍喪失無効確認の訴訟が提起されたのである。

ところで、中華人民共和国の国籍法は、１９８０年に至ってようやく制定され、それ以前は、政府の通達などによって、国籍の取得が決定されていた。それによると、中国国籍の取得を希望する外国人は、国籍取得の申請をしなければならない。そして、この国籍取得の申請が許可された場合には、「中華人民共和国許可入籍証書」が発行されることになっていた。本件の原告は、この入籍証書を所持していなかったが、中国のパスポートを所持していたこと、昭和38年頃になって、外僑居留証の交付を受けなくなったことなどから、中国に帰化した、と法務省が判断したのである。

これに対しては、まず次のような疑問が湧いてくる。日本は、昭和38年頃、まだ中華人民共和国政府を承認していなかった。そして、国籍法は公法であるから、日本がその当時承認していた中華民国の国籍法だけを適用すべきである。したがって、原告が本当に昭和38年頃に中華人民共和国に帰化したとしても、その帰化は、日本から見て無効であり、日本の国籍を喪失させないと考える余地がある。

しかし、法務省の先例によると、このような日中国交回復前の帰化は、国交回復の日（昭和47年9月27日）に、その効果が顕在化して、日本国籍を喪失させると解されていた（昭和49・10・11民5第５６２３号民事局長回答）。そこで、本件の原告も日中国交回復の日に、日本国籍を失ったものとして扱われたのである。

これに対して、裁判所は、まず「自己の志望」による外国国籍の取得とは、「表見的に外国国籍の志望取得の形式がとられただけでは足りないのであって、真に志望取得の意思をもってなされたものであることが必要」であり、この点については、日本国籍の喪失を主張する国側が立証責任を負うとした。

そして、国側は、原告の中国国籍の取得が本人の意思によるものかどうかを、中国側に問い合わせたところ、全く回答がなかったというのであるから、「自己の志望」による外国国籍の取得は証明されなかった。それ故、原告は、日本国籍を失っていない、と判断されたのである（東京地裁昭和54年1月23日判決）。

②身元不明孤児

1980年代の後半からは、全く身元が判明しないが、日本人であることは確実であるとして、就籍許可を申し立てる事件が増えている。旧国籍法1条は、父親が日本人である場合、子供は日本人であるとしているが、ここでいう父親とは、法律上の父親をいうから、父母の婚姻が有効に成立していなければならない。しかし、父母の身元が分からないのに、父母の婚姻の成立を認定することは、全く不可能といってもよいであろう。そこで、旧国籍法3条を見ると、父親が不明であり、母親が日本人である場合にも、子供は日本人であるとされている。すなわち、父親が不明である場合には、いわば補充的に母系血統主義が採用されていた。したがって、少なくとも母親が日本人であることが確実であれば、子供は日本国籍を取得する。

それでは、どのような場合に、母親が日本人であることが確実である、といえるのであろうか。家庭裁判所は、この点について、様々な事情を総合的に考慮しているが、特に中国政府の孤児証明書など、中国側の公的な文書が相当重要な役割を果たしているようである。そこで、この点に留意しながら、判例を見てみる。

申立人は、昭和56年3月に中国のパスポートを持って来日し、肉親捜しを行ったが、親族に面会することができず、中国に戻った後も、手掛かりをつかめないでいた。しかし、吉林省長春市公証処公証員発行の孤児証明書を所持していた。そこで、申立人は、中国に在住したままで、就籍許可を申し立てた。

裁判所は、代理人である弁護士の審問や様々な資料によって、次のような事実を認定した。すなわち、長春在住の養父母は、北方から逃れてきた日本人の子供を養子にしようとして、養父の義弟にあたる王などに、その意向を伝えていたところ、昭和21年春、王は、申立人を抱いた女性を連れて、養父母のところにやって来た。その女性は、日本語を話し、通訳が必要であったが、夫がソヴィエト軍に捕らえられて、消息不明になっていること、自分は子供達と長春まで逃げてきたが、申立人を連れて生活するのが無理であることなどを伝え、申立人を残して立ち去った。その後、この女性は、二度にわたり、養父母を訪ね、夫が戻ってきて帰国することになったが、申立人については、死亡したことにしていると述べていた。

裁判所は、申立人が養父母に預けられた状況、並びに孤児証明書が発行されていることから、少なくとも母親が日本人であることは認められるとして、就籍を許可した（東京家裁昭和59年12月25日審判）。

(3)　結論

中国への帰化によって、日本国籍を失ったとして、除籍された者は、国籍喪失無効確認や国籍存在確認の訴えを起こすことができる。そして、「自己の志望」によって、中国国籍を取得したかどうかは、被告の国側が立証責任を負うのであるから、原告が勝訴する可能性は大きいといえる。

身元不明孤児については、日本人の子供は、日本の着物を着ていたり、種痘の痕が残っているなど、中国人の子供と異なる特徴があり、また、子供を預けた親も、やはり日本人の服装をしており、日本語しか話せないなど、これらの者が日本人であることは、容易に判別できる状況にあった。すなわち、身元不明孤児の場合には、このような特殊事情があるからこそ、父母の身元が分からなくても、少なくとも母親は日本人であるといえ、日本国籍が認められる。


【事例2】「アンデレ事件」

「セシリア・ロゼテ」と名乗る女性は、1991年1月、長野県小諸市内の病院で男児を出産したが、その後、消息不明となったので、病院の医師が出生届の届出人となった。その届の母親欄には1965年11月21日生まれの「セシリア・ロゼテ」と記載されていたが、当該人及び出生した男児の国籍は記載されていなかった。

セシリア・ロゼテの友人からの依頼により、当該男児を養子にすることになったアメリカ人牧師リース夫妻は、この男児にアンデレと名付け、出生届をリース夫妻の住む長野県北佐久郡御代田町役場に提出したが、出生地・届出人の所在地のどちらでもないことから、小諸市役所に送付された。しかし母親の国籍が記載されていなければ、子供の国籍を決定できない。、そうなれば外国人登録をさせるのか否かの判断ができず、そこで小諸市役所は地方法務局に対して「受理伺い」を行なった。その結果、病院関係者などの話によると、母親はフィリピン人らしいとの答えだったので、セシリア・ロゼテおよびアンデレの国籍をフィリピン共和国として受理して差し支えない旨の回答があった。また外国人登録についても、一旦はフィリピン国籍として登録されたが、その後フィリピン大使館から、セシリア・ロゼテはフィリピン国籍として認められない旨の回答を受けたので、アンデレンは改めて無国籍として登録しなおされた。

リース夫妻はアンデレを無国籍のまま養子にしたが、その後、アンデレは日本の国籍法第2条3号の「父母がともに知れないとき」に該当するので日本国籍を取得できたはずとして、国籍確認を求める訴えを起こした。

第一審の東京地裁では、アンデレが「父母がともに知れないとき」に当たるとしてアンデレの請求を容認した。しかし国側が控訴した。第二審の東京高裁では、自己が日本国の国籍を有することの確認を求める訴訟においては、当該主張者が国籍取得の根拠となる法律に規定された要件に自己が該当する事実を立証しなければならないとした。続けて、立証責任を有するアンデレが「父母がともに知れない」こと窺わせる事実を立証しても、国側が「父またはは母が知れている」ことを窺わせる事実を立証し、一応父または母と認められる者が存在することを窺わせる事実を立証したときは、「父母がともに知れない」ことについての証明がないというべきであるといい、アンデレの母親であるとされる女性は、外国人出入国記録およびフィリピン共和国旅券発行記録に記載されたセシリア・ロゼテと同一人物である蓋然性が高く、アンデレの母が知れないことが証明されたものとは言い難いとして、原判決を取り消し、アンデレの請求を棄却した。

しかし学説は、国は父または母のいずれかにつき、その身元を探索するための何らかの手がかりがあるということを示すだけでは足りず、父母のいずれかについて子にその親の国籍取得を可能にし得る程度にこれを特定して示す必要があるとし、原審を支持する見解が有力であった。

このような流れを受けて最高裁は、第二審判決を破棄し、「法2条3号にいう『父母がともに知れないとき』とは、父および母のいずれもが特定されないときをいい、ある者が父または母である可能性が高くても、これを特定するには至らないときも、右の要件に当たるものと解すべきである」とし、第一審同様にフィリピン人女性と母親との同一性について疑問があるとして、アンデレに日本国籍を認めたのであった。

2. 外国人の出入国・在留

(1) 外国人とは、自国籍を持たないすべての者（外国籍の者・無国籍の者）

(2) 外国人の入国については、各国家が自由に定める権利を持つ場合と、二国間条約で特別に定め

る場合も多い。（日米など）

(3) 外国人の出国については、一般に自由（在留国の法令で禁止される場合を除き）。但し、禁止の例としては、国の安全、公の秩序、公衆の健康・道徳、他人の権利保護など場合。

(4) 強制的出国（在留国が本人の意思に反して強制的に出国させること）は、「退去強制」、「強制退去」（deportation）または、「追放」（expulsion）ともよばれている。原則は、国家の自由に任されているが、加盟している条約によって「人権保護義務」を負う。

(5) 外国人の在留（義務と権利および保護）について、外国人の負う義務は原則として在留国の国民と同様に国内法上の義務を負う。但し兵役・義務教育などを除く。

権利は、日常生活に不可欠な権利を持つ。特に経済的活動に関する諸権利は、通商条約などで相互に認めあうのが普通である（最恵国待遇・内国民待遇を参照）。但し選挙権・被選挙権などは通常、認められない場合が多い。

外国人に対する保護については、在留国（滞在国）は、外国人の身体・財産を「相当な注意」（due diligence）をって侵害から保護する義務を負う。例えば、警察などによる事前防止や行政的・司法的措置による事後救済。しかし、どの程度の保護を与えれば良いのかについては、「国際標準主義」と「国内標準主義」との対立がある。

※「国際標準主義」と「国内標準主義」は国家責任に係わってくる。（国家責任の項を参照のこと）

※憲法の外国人の権利義務（法的地位）も参照のこと。

3．外交的保護

(1) 外交的保護権とは、「自国民が外国で損害をこうむったとき、その外国の国内法上の手段によって救済されない場合、本国がその外国に対して適切な救済を与えるように外交的手段によって請求する権利」(the right of diplomatic protection) であり、当該権利の行使を「外交的保護」(diplomatic protection) という。但し、国家の権利であって、個人の権利ではないゆえに、権利の行使は国家の自由。

(2) 外交的保護のための条件としては、①国籍継続の原則、②国内的救済の原則、③国籍の真正結合がある。これらはノッテボーム事件を参照すること。

4．最恵国待遇と国内民待遇

(1) 最恵国待遇（most-favoured-nation treatment）とは、通常、通商航海条約で「締結国が自国領域で第三国の国民・企業に与えるよりも不利ではない待遇を相手国の国民・企業に与えること」

をいう。その場合、条約における条項を最恵国条項（most-favoured-nation clause）という。

(2) 国内民待遇（national treatment）とは、「締結国が自国民と同様の権利を相手国の国民に保証すること」をいう。例として、日米通商航海条約（第４条、第７条、第９条、第10条、第13条、第14条など）。

※これらは、相互主義（reciprocity）に基づくのが一般的である。

5．犯罪人引渡（extradition）

5-1．犯罪人引渡とは、「犯罪人が逃亡した場合、犯罪の行なわれた国（またはその他の関係国）が逃亡先の国にその犯罪人の引渡を請求し、請求された国がこれに応じてその犯罪人の引渡を行うこと。」

(1) 通常、二国間あるいは多数国間で「犯罪人引渡条約」を締結している。例として、「日米犯罪人引渡条約」（１９８０年発効）第2条。

(2) 条約がない場合は、国際礼譲などの配慮に基づいて引き渡されることがある。日本国は、逃亡犯罪人引渡法で、条約がない場合でも引渡を行なう場合を規定している。

5－1－2．一般原則

犯罪人引渡は、①通常、重大な犯罪に限られ、かつ②二重犯罪性を必要とする（双方加罰性の原則）。

5－1－3．条約における引渡の例外

一般に自国民は引渡さない（日米第5条）。これを「自国民不引渡の原則」という。（英・米を除く）

5－1－4．犯罪の特定化

請求国に引渡される犯罪は、引渡条約中に特定された犯罪で引渡請求の理由となった犯罪についてのみ処罰される。その他の犯罪については、審理・処罰されないという条項を設けるのが普通である。（例えば、日米・第7条）

5－2．政治犯罪

5－2－1．引渡犯罪から除かれるものとして、政治的・軍事的・宗教的な性格の犯罪があり、特に政治的犯罪（political offence）がその代表である。これらは、請求されても引渡さない。例：

日米犯罪人引渡条約第4条

5-2-2. 歴史を鑑みると、外交的配慮（フランス革命を契機とする→絶対君主制から立憲主義・民主主義）が働き、後に国際法の原則となる。

5-2-3. 政治的犯罪の種類としては、①純粋政治犯罪（絶対的政治犯罪）、②相対的政治犯罪に分けられる。①は普通犯罪の要素を含まないもので、政治犯罪人不引渡原則が適用される。②は純粋犯罪と普通犯罪の両者の要素を含み、さらに複合犯罪と結合犯罪に区分される。これまでの慣行からすると、これらは、政治犯罪と普通犯罪の比重によって、政治犯罪人不引渡原則が適用される場合と、通常の犯罪人引渡原則が適用される場合がある。

但し例外として、ジェノサイド防止条約、ハイジャック防止条約があり、当該罪に対しては政治的犯罪とは認めないと規定されている。その場合の引渡しには、普通犯罪のみの訴追を条件とする場合が多い。

6. 難民

6-1. 難民とは、狭義では、政治難民を意味する。彼らは、政治的その他の理由により本国で迫罪を受けるおそれがあるため外国に逃れた者をいう。広義では、流民を意味し、彼らは戦争や内乱、飢饉や政治的困窮から逃れるために他国に保護を求める者である。

また特別に難民条約（1951年）、難民議定書（1966年）があり、そこで規定されている要件該当者は条約難民と呼ばれている。すなわち、「人種、宗教、国籍若しくは特定の社会的集団の構成員であることまたは政治的意見を理由に迫害を受けるおそれがあるという充分に理由のある恐怖を有するために、国籍国の外にいる者であって、その国籍国の保護を受けることができないもの又はそのような恐怖を有するためにその国籍国の保護を受けることを望まないもの」（同様の無国籍者を含む）をいい、内乱、自然災害、政治的困窮などを理由として他国に逃れた多くの者は条約難民には該当しない。

6-2. 難民の保護について、国家は領域権に基づいて自国に逃れてきた者を領域内で庇護する自由をもつ。この自由を使用することができる権利を「庇護権」という。

6-2-1. 庇護権の行使

(1) 領域的庇護（territorial asylum）とは、領域での庇護を意味し、国際法上、一般的に認められている。

(2) 外交的庇護（Exterritorial asylum）とは、大使館、船舶、航空機などでの庇護することであり、これは、条約で明確に認められている場合を除き、国際法上、一般には認められていない。例として、瀋陽の日本領事館への駆け込み脱北者の例は、これに該当する。しかし近年、人道的措置という観点から、この伝統的な考え方を見直そうとする動きもある点に注意すること。

6-2-2. 「ノン・ルフ-ルマンの原則」（追放・送還の禁止の原則）

これは、いかなる方法によっても、難民を生命又は自由が脅威にさらされるおそれのある領域の国境へ追放しまたは送還してはならない（難民条約第33条）とする原則で、不法侵入者であっても適用される。

6-3. 国際機構による保護として、1951年「国際難民高等弁務官事務所」が設定され、難民高等弁務官（UNHCR）が難民・流民の救済活動に従事している。かつて日本の緒方貞子が就任していた。

7. 人道的干渉

7-1. 不干渉原則

国家には国内管轄事項（matters of domestic jurisdiction）又は国内問題（internal or domestic affairs）という、各国家が自由な処理を行うことが認められる範囲がある。これは国家主権の適用範囲を表しており、この範囲に対しては他国は干渉すること（内政干渉）は許されない。これを不干渉原則（Principle of Non-Intervention）という。

しかし、国際関係が緊密化し相互存在性が高まってくると、国内問題の内容がかなり流動的になる。従来は外交政策や国内の経済政策、金融政策などに干渉することは国際違法行為である内政干渉と考えられていた。しかし、現代国際社会では社会を基礎づける大枠と国家主権観念を共通にする故に、各国がお互いに、従来干渉と思われた行為を行なうようになり、それを内政干渉として非難しなくなってきている。例えば、米国政府が日本政府の景気対策や金融政策に口出しすることなどがある。

そこで現在干渉とされているのは、（命令的干渉＝dictatorial interference）。その中には、①武力による威嚇又は武力の行使を伴うもの、②政治的・経済的圧力手段を背景にした行為、例えば通商関係の断絶で不利益が生じることを予想させて、一定の措置を要求することなどである。特に②の場合は、市場経済における相互依存の高まりで、どの程度がこれに該当するかを具体的に且つ個別的に検討しなければ結論が出せないのである。

国際機構の役割が増加してくると、国際機構による干渉のおそれも生じてきた。そこで当該機構の行為を限定するために、その設立条約の中で国内管轄事項不干渉原則を明記することが多い。

7-2. 人道的干渉について

人道的干渉（humanitarian intervention）は、「ある国家がその国の国民を著しい虐待をしたり迫害したりする場合に、外国がこれを抑制するために行なう干渉（武力行使を含む）」をいう。

かつては、西欧諸国がキリスト教徒の迫害を理由にトルコや東欧諸国に対して人道的干渉を行ったことがある。しかし、その後、宗教的少数者の保護という形で国内の少数者（後に少数民族）の保護が人権保障という形で発達してくると、かつてのような人道的干渉が行ないづらくなってきた。「人道」の客観的判断の基準が不明確であり、結局は主観的判断で行動するほかなくなったからである。19世紀には西欧列強の多くが政治的目的のために非西欧諸国に「人道的干渉」を行なったが、それは、人道的干渉の名を借りた干渉であったといえよう。ここからも国際標準主義や治外法権などとの関連が見だされる。

人道的干渉を違法性がないという意味で考え「人道的介入」と呼ぶべきであるという見解もあるが、現代社会では、人道的干渉も人道的介入も、それを認めるという一般的合意は未だ成立していない。

8. 人権の国際的保護

8-1. 歴史（略史）

人権問題は、第二次世界大戦後、国際法において大きく取り上げられるようになった。それ以前の展開は下記のようである。

①1606年にウィーン条約により信教の自由が認められる。

②１６４６年にドイツ新教徒の礼拝が自由化され、新教と旧教の平等化が実現した。そこから、少数民族の保護に関連して、人種、宗教、言語上の人権的保護が約束された。

③「少数者保護条約」が締結され、少数民族に対しての教育開設、経営、管理の権利、信条、宗教などを自由に実施する権利、法の下の平等、私権の享有が認められた。

④国際連合憲章では、国際社会すべての国家にかかわる重要な問題を取り上げ、そのなかに、人権問題が含まれていた。

⑤国際人権宣言は、「人権の国際的承認を全世界に拡張することが必要」という少数民族の保護を目的としたもの。

この間に、ナチスドイツによるユダヤ人の大量殺害、迫害（ホロコースト）があり、その結果、人権問題が国際的に広まった。第二次世界大戦終了前の１９４２年には、「四つ自由を基礎とした連合国宣言」が採択され、言論と表現の自由・各人が自己の求める神を崇拝する自由・欠乏からの自由・恐怖からの自由が盛り込まれた。この内容は日本国憲法前文にも入れられたのである。

⑥１９４８年に世界人権宣言が国連総会において採択され、その後、それを具体化した。「国際人権規約」（経済的、社会的及び文化的権利に関する国際規約、市民的及び政治的権利に関する国際規約）が採択され、戦後の重要な法文書となっている。

8-2. 世界人権宣言

①国際人権章典は、人権尊重を国際的に義務付けるのに国連人権委員会が制定した。②世界人権宣言は、市民的、政治的権利に関する自由権的基本権について規定している。しかし、その人権宣言には不十分な点がある。それは、(a)人権規約が抽象的で民主主義的擁護のためであること、(b)人権の内容が不徹底、(c)人権尊重においての国家の保障措置規定が欠けているであった。また「宣言」は厳密には法的拘束力がない。ゆえに条約化を必要とした。

8-3. 国際人権規約

(1) 1966年に国連総会本会議において、国際人権規約が制定される。内容は、「経済的、社会的及び文化的権利に関する国際規約」(A規約)、「市民的及び政治的権利に関する国際規約」(B規約)の二本立てである。

(2) 上記の両規約で重要な点として、①「人民の自決権」について規定していることである。これは、1950年に「人民」と「民族」に自決権を保証する方法と手段について国連人権委員会に研究させるよう経済社会理事会に対し要請したことと関係する。②「天然の富及び資源」についての自由な処分について、「天然の富と資源に対する永久的主権」が主張される。

(3)　漸進的実施とは、社会権規約においてその国の用いうる力を最大限に尽くし、それを実現するために必要な措置をとる約束である。発展途上国の立場を考慮したものであり、この方式を採用した。

8-4．ジェノサイド防止条約、人種差別撤廃条約、女子差別撤廃条約

(1)　集団殺害犯罪の防止及び処罰に関する条約（ジェノサイド防止条約）

ジェノサイドとは、「国民、民族、人種又は宗教団体に対しての集団殺害行為のこと」であり、集団殺害とは、①集団構成員を殺害する、②集団構成員に対し肉体的、精神的危害を加える、③肉体的破壊をもたらすために意図された生活条件を集団に対して課すこと、④集団内における出生を防止することを意図する措置を課する、⑤集団の児童を他の集団に強制的に移すこと、であり、上記のような実行行為を行った者だけでなく、共同謀議参加者、教唆者、共犯者、未遂者も処罰される。

(2)　人種差別撤廃条約

１９６３年に「あらゆる形態の人種差別の撤廃に関する国際連合宣言」が国連総会で採択、審議を経て、人種差別撤廃条約として国連総会で採択される。

(3)　女子差別撤廃条約

１９４６年に「女子の地位小委員会」が設けられる（国連）、１９５２年に「婦人の参政権に関する条約」、１９５７年に「既婚女性の国籍に関する条約」、１９７９年に女子差別撤廃条約が国連総会で採択され、女性・児童などの人権保障を目指している。

８‐５．労働条件の改善

(1) 改善項目として、①労働時間の制限、②深夜業の禁止、③最低賃金制を設ける。

(2) メリットは、生産コスト軽減や製品の価格に大きく影響を及ぼす。

(3) １９４６年に国連労働機関憲章が総会で採択（モントリオール）される。

(4) 国際労働機関（ＩＬＯ）は、労働総会、労働理事会、国際労働事務局で構成される。他の国際機関とは異なり、政府代表、使用者代表、労働者代表の三者で討議が行われる。

第６章　紛争の解決方法

本章では、国際紛争の解決方法を国際裁判（司法的解決）と裁判以外の紛争処理に分けて概略する。

1．国際裁判

国際裁判とは、国際法を規準として国際紛争の争点を審理、法的拘束力のある判決で紛争を処理するものである。しかし、国内裁判と異なり、強制的管轄は認められておらず、付託は紛争当事国の合意を基礎としているため、法律的紛争であっても必ずしも国際裁判で処理されるとは限らない。現在は義務的裁判がある程度認められ、制限はあるが紛争の法的解決がはかられるようになっている。

1-1. 国際裁判の歴史的発展過程

(1) 古代ギリシアにおいて、裁判付託義務を規定した条約が契約された記録ある。18世紀末に、1874年のジェイ条約（友好通商航海一般条約）に基づき英米間の紛争が解決され、裁判による紛争の解決に注目が集まる。19世紀になってアラバマ号事件が裁判によって解決される。裁判に関する関心が高まり普及性を示すようになった。しかし、これらはみな任意的仲裁裁判であった。

(2) 任意的裁判から義務的裁判の発展について、通常の条約の中に裁判条項を入れ、当該条約の解釈や適用に関して当事国間に生ずる紛争、一般に生ずる紛争を裁判に付託する約束をするようになった。19世紀においては通常の形態だった。

その後、ハーグ第1回平和会議において国際紛争平和的処理条約が締結され常設仲裁裁判所を設立する。国際裁判そのもののために独立した条約を締結し、当事国間に発生する一定の紛争を国際裁判に付託することを約束するものが見られるようになる。しかし、留保が広く認められていたため当事国が口実をもうけて裁判を回避する可能性があった。

第一次世界大戦後是正される。留保については「裁判条約締結前の事実により生ずる紛争」、「領土的状態に関する紛争」などの客観的な留保が用いられた。更に、戦後国際紛争の平和的処理方式として、選択条項受諾宣言による方式が認められ裁判義務の設定が簡易化される。国際連盟の手により常設国際司法裁判所がつくられる。

第二次世界大戦後、国際連合の機関として国際司法裁判所が設立される。

１－２．裁判に付託される紛争（事項管轄 jurisdiction ratione materiae）

国際裁判は強制的な管轄権は認められていない。ではどのような紛争が付託されるか。

１－２－１．法律的紛争と非法律的紛争

例外はあるが、一般に紛争を法律的紛争と非法律的紛争に区別し、非法律的紛争を除外するというのが国際裁判の共通の現象であるといえる。

法律的紛争とは、それぞれの条約の解釈の問題であり規定はかならずしも一様では無く、なんら具体的な三つの理解の仕方がある。第一に「紛争の政治的重要性によって法律的紛争と非法律的紛争に区別される」という考え方である。第二に「紛争に関して規定した国際法規の有無によって区別される考え方」である。第三に「国際法規の有無というよりも、当事国双方がともに国際法に基づいて争うかどうかに区別の基準がある」という考え方である。裁判条約の解釈や裁判付託の実際面を考慮すると第三の考えが正しいと見るべき。

1-2. 選択条項による裁判管轄権

法律的紛争以外の紛争も付託することも可能であるが、当事国の合意が必要とされる。このような同意が示される方式は、任意的裁判と、義務的裁判がある。義務的裁判に設定する形式が選択条項である。

選択条項とは、常設国際司法裁判所規定の署名議定書の規程第36条2項をさすもので、(a)条約の解釈、(b)国際法上の問題、(c)認定されれば国際義務の違反となるような事実の存在、(d)国際義務の違反に対する賠償の性質または範囲、の事項を掲げ、「事項に関するすべての法律的紛争についての裁判所の管轄を同一の義務を受諾する他の国に対する関係において当然に且つ特別の合意なしに義務的であることを認めることを、いつでも宣言ですることができる」としたものである。選択条項受諾宣言は、国連事務総長に寄託する形でなされ、留保には相互性の原則が認められている。

1-3. 国際裁判の当事者（人的管轄 jurisdiction ratione personae)

国際裁判において訴訟の当時者になりうるものはだれか。一般に認められているのは国家である。最も、全ての国家に認めらているわけではなく、訴訟の当事者になるためには、裁判所規程の当事国があることが必要である。

また、国際連合の加盟国は当事国になる。また国際連合に加盟していない国も、安全保障理事会の勧告にもとづいて総会が各場合に決定する条件にしたがい、国際司法裁判所規程の当事国になることが認められる。また、最近では、国際司法裁判所以外ではあるが、国際組織や個人においても限られた範囲で出訴権が認められている。

1・4. 裁判機関

1・4・1. 総説

国際裁判には、仲裁裁判所と司法的解決の二つの形態がある。①仲裁裁判所は、裁判機関が当事国の合意を直接あるいは、間接の基礎として紛争のたび毎に選任される。②司法的解決は、当事国から独立して選任された裁判官によりなる常置された裁判所によって裁判が行われる。

1・4・2. 仲裁裁判所

仲裁裁判所は、当事国が紛争の発生するたびごとに、合意によって裁判官を選任する裁判の形態である。そのため、構成は合意の内容いかんにかかわり、一般的に言うことはできないものである。

1・4・3. 国際司法裁判所

国際司法裁判所は、国際連合の総会と安全保障理事会によって、それぞれ裁判官が選任され、選任された裁判官が裁判廷を構成して裁判を行うもので、国内の裁判所とほとんど異なることはない形態である。

1-5. 裁判の規準

1-5-1. 総説

国際裁判は、原則として、法を基礎として審理し、法的拘束力ある判決を与えるものである。しかし、当事国の合意があるばあいは、法原則以外の「均衡と善」により裁判が行われることも認められている。

1-5-2. 仲裁裁判における裁判準則

仲裁裁判の準則をなににするかは、条約によってかなりまちまちであり、必ずしも統一されていない。例として、「法と衡平」、「衡平と善」を認めるものなどがある。

1-5-3. 国際司法裁判所の裁判準則

国際司法裁判所の裁判準則は、裁判所規程第38条に規定されている。それによると、裁判所は次のものを適用する。

①一般または特別の国際条約で係争国が明らかに認めた規則を確立しているもの
②法として認められた一般慣行の証拠としての国際慣習
③文明国が認めた法の一般原則
④法則決定の補助手段としての裁判上の判決及び諸国のもっとも優秀な国際法学者の学説

以上の４つが示されている。特に、当事国の合意がある場合には、「衡平と善」によって裁判所が裁判しうることを認めている。

1‐6．裁判手続

仲裁裁判の場合は、具体的な紛争を裁判に付託するために当事国の間においてなされる協定、付託合意において定められるのが普通である。国際司法裁判所の手続については、国際裁判所規程の第39条以下第64条まで、および第30条にもとづいて裁判所の制定する手続規則が適用される。

1‐6‐1．付託

裁判所への事件の付託は、紛争当事国間の付託合意の通告により、当事国の一方的付託によっておこなわれる。仲裁裁判の場合は、原則として、付託合意による。国際司法裁判所への付託は、裁判所規程第40条１項は、「裁判所に対する事件の提起は、場合に応じて、特別の合意の通告によって、又は書面の請求によって、裁判所書記にあてて行う」と規定している。

1-6-2. 先決的抗弁

本案についての審理や判決がなされるのを阻止するために、先決的抗弁が行われることがある。なされる場合として、「事件の受理可能性について疑いがある場合」、「事件に対する裁判所の管轄権の有無について疑いがある場合」、「事件許容性について疑いがある場合」の3つである。

1-6-3. 仮保全措置

紛争が裁判所に付託された後、判決がなされるまでの間の緊急措置として、当事国の権利を仮に保全する措置を指示する命令が裁判所によってなされることがある、これを仮保全措置という。仲裁裁判所においても合意があれば可能であるが、国際司法裁判所については、裁判所規程第41条で、「裁判所は、事情によって必要と認めるときは、各当事者のそれぞれの権利を保全するためにとられるべき暫定措置を指示する権限を有する」と規定されている。仮保全処置は、当事国のいずれか一方の要請による場合のほか、裁判所自身が自発的に検討することもできる。

1-6-4. 審理手続

(1)　審理手続で注目すべき点をあげれば、次のようになっている。用語は、仲裁裁判所の場合は、付託合意で決定する。付託合意で決められない場合は、国際紛争平和的処理条約では、裁判部が決定することになっている（第61条）。国際司法裁判所の公用語はフランス語と英語である。当事国の合意によって、いずれかを選択することが出来る。また、いずれかの当事国が英語、フランス語以外の用語の使用を請求した場合、裁判所はそれを許可しなければならない。

(2)　審理は、書面手続と口頭手続の２つの部分からなる。書面手続としては、各代理人により、申述書、答弁書、必要があるときには抗弁書ならびに援用のためのすべての文書および書類を裁判書と当事国に送達する。口頭手続は、裁判書が証人、鑑定人、代理人、補佐人、および弁護人の口頭の陳述を聴取することである。

(3)　国際紛争平和処理条約では、弁論は原則として非公開であるが、国際司法裁判所では原則として公開される。ただし、裁判所が別段の決定をするとき、あるいは当事国が非公開を要求したときは別である。

１‐６‐５．第三国の訴訟参加

紛争当事国以外の第三者の訴訟参加は国際裁判においても認められている。

仲裁裁判所の場合は、仲裁裁判所が紛争当事国以外の第三国が加わった条約の解釈に関するものである場合には、紛争当事国が適当な時期にこれを各締約国に通知しなければならないこととし、締約国が訴訟に参加する権利を認めている。

国際司法裁判所においては、条約の解釈に関する場合と、法律的性質の利害関係をもつ国の参加の場合のように、2つの場合に第三国の訴訟参加がみとめられる。

1-6. 判決

判決は特に別の定めが無い限り、多数決によってなされることになっている。(例えば、国際紛争平和処理条約第78条2項)。

1-7. 判決の効力と執行

国際裁判の判決は当事国を法的に拘束し、当事国はそれを履行しなければならない法的義務を負う。判決は紛争当事国に対してのみ拘束力をもつものとされる。しかし、第三国が加入している条約の解釈が問題となる事件において、第三国が訴訟に参加する場合には、参加した第三国は判決中に含まれた条約の解釈に拘束されることとなる。

１‐８．勧告的意見

国際司法裁判所は国際組織からの諮問に応じ、法律問題について勧告的意見を与える権限が認められている。勧告的意見は判決と異なり、法的拘束力を持たないが、国際的に最高の司法機関が与える法律的見解としての権威をもっている。

２．裁判以外の国際紛争処理

２‐１．総説

２‐１‐１．裁判以外の紛争処理として、まず第一にあげられるのは直接交渉である。この手段が紛争処理方法として、最も一般的な原初的な形態。それでも解決しなければ、第三者の介入による処理方法。

２‐１‐２．第三者が介入する処理方法として、周旋、居中調停、国際審査、国際調停、国際連合による紛争処理がある。

(1)　周旋、居中調停とは、国際社会の未組織の構造の中から、自然的に発生したものであって、当事国と利害関係のある特定の第三国が、その特殊な利害関係に基づき、かつ、時には、その政治的影響力を背景として、当事国の和解をはかるもの。

(2) 国際審査以下の方法としては、20世紀になって初めて登場した紛争処理方法であって、介入する第三者が国際機関であり、特定の国家の影響を越えたより客観的な立場からの介入が行われるもの。

2-2. 周旋・居中調停

両者の区別は、第三国の介入の程度が基準となる。

(1) 周旋は、第三国が紛争当事国の直接交渉での解決の勧告、又は、交渉のための便宜を提供するといった和解のための斡旋にとどまるもの。

(2) 居中調停は、紛争当事国の交渉の中に立ち入り、両者の意見の調整、紛争解決案の提示などといったもの。

このように、両者は紛争解決のための一つの方法として認められたが、従来の慣行を明文化したにすぎず、居中調停に関しては、一度しか利用されなかった。

2-3. 国際審査

「国際紛争平和的処理条約」（ハーグ条約）で初めて国際審査委員会による国際審査が認められた。その後、国際的な機構による国際紛争処理方法が導入される。

この方法は、紛争解決に極めて効果があることがドッガーバング事件で実証されたため、1907年の改訂条約で詳しく規定された。

①国際審査委員会は、紛争が発生するつど設置され、常設的なものではない。

②委員の構成は、規定がない場合には、常設仲裁裁判所の名簿の中から五人選ばれる。

③紛争当事国は、特別代理人を委員に派遣し、顧問や弁護人を任命して、自国の立場を開陳・弁護できる。

④紛争付託については、締約国の義務とせず、外交の手段によって和解しなかったものを国際審査委員会に付託することを認めた。しかし、国家の名誉又は、重大な利益に関する紛争は除外する。

⑤審査手続きは、当事国間が別の規定を採用しない限り、ハーグ条約に従う。

2-4. 国際調停

国際調停とは、個人の資格で選ばれた委員から構成される非政治的・中立的な性格を持つ国際委員会が、国際紛争をあらゆる観点から審査し、当事国の主張の接近をはかり、必要ならば、紛争解決条件を勧告するなどの一連の手続を含む平和的紛争処理方法である。

国際調停委員会の構成や、調停委員会への付託手続きなどは、条約によって異なり、その点を示すと次の五つのものがある。

2・4・1. 国際調停委員会の構成

①委員会は原則として、2カ国間に設けられる。しかし、若干の国家に共通な委員会もある。

②常設的なものだが、特定の紛争に限り、特別調停委員会が設けられる。

③委員会は普通五人で構成されるが、三人の場合もある。

④一般の議定書では、五人のうち二人はそれぞれ当事国から選出し、残り三人は、両当事国の合意によって第三国から選ばれる。そして、後者の三人から、議長を選出する。

2・4・2. 国際調停委員会の管轄

①範囲については限定はなく、あらかじめ条約で付託義務が認められている場合いには、範囲を限る。

②条約によって法律的紛争は国際裁判に、非法律的紛争は国際調停にといった区別する形を取る

ものもある。

国際調停は、裁判のように拘束的決定は行わず、和解を図るものであつて、法律的紛争を付託することは、かならずしも性質に矛盾するわけではない。

2・4・3. 調停手続

調停手続は、別段の定めが無い限り、調停委員会の決定によるが、その大筋についてはそれぞれの条約で規定されている。

2・4・4. 国際調停の効力

国際調停の審査の結果や、紛争解決条件の勧告には、法的拘束力は認められない。しかし、条約で法的拘束力を認められているものもある。例として、紛争を付託した後に、委員会により提議された取り決めに影響を及ぼす措置をとらない。また、紛争を重大化する行為をとらない。

2・4・5. 国際調停制度の実績

第二次世界大戦後、調停条約は急激に増え、常設調停委員会の数も100を越えたが、その実績はあまり良くない。理由としては、委員会が、非政府的な立場に立つ個人の集団であるから、政治的性質を持つ非法律的紛争を付託するのを各国が躊躇したためである。

2-5. 国際連合による紛争処理

国際連盟や国際連合の紛争処理は、手続上国際調停と類似しているが、同じ形態ではない。その特徴は、国際連盟や、国際連合は、紛争処理の主体であって、全て国家の代表から構成されていて、政治的影響力で、紛争の解決を促進している点にある。

2-5-1. 国際連盟による紛争の処理

国際連盟の紛争処理機関は、理事会、総会である。連盟国間に国交断絶に至る恐れのある紛争が発生した場合、その紛争を仲裁裁判もしくは司法的解決のどちらかに付さなければならないが、どちらにも付さなかった場合に、理事会に付託する。

その様な紛争が発生した場合、直ちに武力に訴えることは禁止されており、紛争の審査・和解への斡旋・紛争解決条件の勧告といった過程で紛争の処理は行われる。

2-5-2. 国際連合による紛争の処理

国際連合において、紛争処理の権限を認められているのは、安全保障理事会と総会とであるが、国連憲章では安全保障理事会に、国際の平和及び安全の維持に関する主要な責任を負わせており、国際連合の紛争処理手続について詳しい規定を設けている憲章第６章は、主として安全保障理事会による紛争手続について規定している。

２－５－３．安全保障理事会による紛争処理

その継続が国際の平和及び安全の維持を危うくする恐れのある紛争が発生した場合、紛争当事国は、まず、平和手段、すなわち、直接交渉、審査、仲介、調停、仲裁裁判、司法解決、地域的機関又は、地域的取極の利用などの方法によって、解決を図らなくてはならない。それでも解決できない場合は、安全保障理事会に付託される。そして、安全保障理事会は、その紛争を審査し、危険と判断したら、一定の解決方法を指示する等、直接紛争に乗り出し、その適当と考えられる紛争解決条件の提案などを行う。

２－５－４．総会による紛争処理

総会も安全保障理事会とならんで、紛争処理において一定の権限を認められている。総会は、安全保障理事会との関係で、制限を受けているが、二つの点で、安全保障理事会より広い権限の範囲を持っている。

一つは、紛争処理のイニシアティブに関するものであって、総会には安全保障理事会と異なり、当事国による付託を待たず、自ら進んで紛争解決条件を当事国に勧告する権限が与えられているということである。二つ目は、安全保障理事会は、その継続が国際の平和及び安全の維持を危うくする虞のある紛争に限られているのに反し、総会は、一般的福祉または、諸国間の友好関係を害する虞があると認める全ての事態になっており、その対象となる紛争の範囲がやや広くなっているということである。

2-6. 武力行使の防止及び抑制

2-6-1. 集団安全保障の特質

集団安全保障は、歴史的には勢力均衡に代わる平和維持のための方式として登場した。勢力均衡とは、相対立する国家又は国家群間の力のバランスを図り、いずれの国も相手を攻撃しえない状況を作りだして安定を保っていこうという方式。

対立関係にある国家をも含めて、多数の国家が互いに武力の行使を慎むことを約束するとともに、その約束に反して平和を破壊する場合には、関係諸国が共同し、集団の力でそれに当たり、平和を維持しようというもの。

第一次大戦前のヨーロッパでは、①イギリスという均衡調整者が存在し、②ほぼ同勢力の強国が並存し、互いに牽制していたので、ある程度の均衡が保たれていた。しかし19世紀末になると、調整者のイギリスも巻き込まれて、国家間の対立が激化した。その結果、第一次大戦が勃発したのである。

戦後、その反省にたって、国際連盟による集団的安全保障が考え出された。これは、関係諸国が全て参加し平和維持のために協力するという建前で、集団全体の立場から全体を調整する必要に応えるものとして新しく登場したものである。

2-6-2. 国際連盟の集団安全保障体制

(1)　連盟規約第11条で、集団安全保障の基本理念を表明。すなわち、戦争が今にも勃発しそうなとき、あるいは既に勃発したさい、それを防止・停止させるために連盟として緊急措置を発動する事を予定。しかし、措置については何ら規定せず。

以下は、1927年12月の連盟理事会において採択された適用に関する指針である。

①平和的解決を害するようなかたちで現状を変更させないための措置をとること。

②差し控えるべき措置を当事国に対して指示すること。

③理事会が現地に代表を送ることが望ましい場合もありうる。

④勧告を無視するときは、正式に非難の意思を表明し、連盟国に外交使節の引き上げを勧告する

ことができる。更に、重大な措置を勧告してもよい。

⑤違反国が敵対行為準備を継続するときは、艦隊の示威行動のような警告措置をとってもよい。

(2) 連盟規約第16条は、既に発生した戦争に対し、連盟の制裁を発動し、戦争を抑圧することを目的とする。つまり、連盟国が、集団として制裁を加えることを規定した。(大戦終了直後の戦争否定の雰囲気を反映)

1921年の第2回総会で以下のような適用指針が採択された。

①規約の違反の有無は連盟国がそれぞれ決定する。

②規約違反国に対しては、戦争を行い、あるいは戦争状態を宣言する権能を与えられるにすぎない。

③制裁発動の形態は、軽微な措置から。

(3) 連盟の集団安全保障の特徴として、①制裁は連盟国それぞれの決定によって発動され、②強制措置は、経済封鎖その他の非軍事的措置に重点が置かれる。

2-6-3. 国際連合の集団安全保障体制

(1) 基本的特徴

(i) 第一に、安全保障理事会の権限を強化し、安全保障理事会の決議に基づいて加盟国が協力するという体制をとる。憲章第7章では、安全保障理事会を中心とする建前である。第39条は、平和に対する脅威、破壊又は侵略行為の存在を決定し、平和及び安全を維持し又は回復するために勧告し、第41条及び第42条に従っていかなる措置をとるかを決定する。第48条1項は、安全保障理事会の決定を履行するのに必要な行動は、加盟国の全部又は一部によってとられる。安全保障理事会の決議は、加盟国を法的に拘束する効力が認められている。但し、実質事項について決議する場合には、常任理事国に拒否権が認められている。

(ii) 第二に、国際連合の強制措置が発動される範囲がかなり広くなっている。憲章第7章の予定している強制措置は、一般に「平和に対する脅威、平和の破壊又は侵略行為」に対するもの（国際連合では、武力行使が広い範囲で禁止されている)。国際の平和と安全を維持し回復するという観点から発動されることを予定している。

第39条の規定の主体は限定されていない。従って、国家的性格を持たない団体の行動に対しても、非加盟国の行動に対しても措置をとることが可能である。

(iii) 第三に、軍事的強制措置重視。第43条では、安全保障理事会の決議に基づいて、安全保障理事会と加盟国又は加盟国間群との間で特別協定を締結し、要求があった場合に加盟国が提供しなければならない兵力の数と種類、その他の出動準備程度と一般的配置並びに提供すべき便益と援助の性質を予め定めておくこととしている。(その他、補助機関として軍事参謀委員会の設置や第54条等も)。しかし実際には、現在までに特別協定は締結されていない。

(2) 安全保障措置発動の手続

(i) 平和に対する脅威、平和の破壊、侵略行為の決定

安全保障措置が発動されるためには、安全保障理事会が「平和に対する脅威、平和の破壊、侵略行為」の存在を決定することが必要。憲章は、「平和に対する脅威」とのみ規定し、それが何によってもたらされるかについては明示していない。内戦等の事態であっても、決定を下すことは可能である。(第2条7項には国内事項不介入の原則の例外を認めている)。実際に、1948年7月15日のパレスティナにおけるアラブとイスラエル両勢力間の武力闘争が「平和に対する脅威を構成する」としたことがある。

また、侵略行為の意味について具体的な規定も与えていない。侵略の定義が困難であり、例を上げても十分網羅的とはいえず、それによって侵略行為を見逃すおそれがあるということで、安全保障理事会の決定とした。当該決定を行った後、平和と安全を維持又は回復するために、勧告又はとるべき手段について決定しなければならない。この勧告とは、事態を平和的に調整するための措置の勧告。

(ii)　暫定措置

安全保障理事会は、勧告又は強制措置発動の決定を行う前に、事態の悪化を防ぐための暫定措置を決定し、当事国に要請することができる。侵略行為の決定と同時に行われたり、決定前に行われることもある。

この措置は、あくまで事態の悪化を防ぐものであり、関係当事者の権利・請求権・地位を害するものであってはならない。また、法的義務もない。(但し、「要請」は「勧告」よりも強い意味を持つ)。

(iii)　強制措置

平和に対する脅威などの決定を行った後、前述の勧告のほかに、第41条・第42条による強制措置の発動を決定することができる。第41条は経済的・外交的な非軍事的強制措置、第42条は軍事的強制措置を定めている。

①非軍事的措置

非軍事的措置としていかなる措置を具体的にとるかは、安全保障理事会が決定する。第41条の中には、経済関係及び、鉄道・航海・航空・郵便・電信・無線電信その他の運輸通信手段の全部又は一部の中断、外交関係の断絶などを含むことができると規定。

措置を履行するに当たって、加盟国は共同して相互に援助を与えなければならないことになっている。加盟国の中には、措置による打撃を受ける国も生じる可能性がある。それに備えて、第50条は、その措置の履行から生ずる特別な経済問題に当面したものは、国連加盟国たるとを問わず問題解決のための協議を理事会とする権利がある旨規定している。

②軍事的強制措置

加盟国の空軍・海軍・陸軍による示威、封鎖その他の行動が含まれる。決議は法的拘束力を持つが、第34条の特別協定が考慮されなければならず、協定を締結していない国は、当然に提供しなければならない立場にはない。（特別協定は未締結、第１０６条、５ヶ国の共同行動）。

兵力を用いることを決定した場合、理事国以外の加盟国に対して義務の履行と兵力の提供を要求する際には、その国が欲するならば、割り当て兵力使用についての安全保障理事会の決定に参加するよう招請しなければならない。この場合は、表決にも参加し得るとみるべき。

(3) 総会による強制措置の発動

(i) 安全保障理事会では常任理事国に拒否権が認められており、一つの拒否権で決議できない事態が考えられる。１９５０年6月25日に、北朝鮮軍の武力攻撃を「平和の破壊を構成する」として、決議を行った（ソビエト欠席）。

(ii) 「平和のための結集」決議採択

①安全保障理事会中心の安全保障体制が麻痺した場合、直ちに総会にその任務を移行し、多数決

による決議によって対処。重要なのは、決議Ａの(1)で、安全保障理事会が遂行に失敗したとき、総会は集団的措置について加盟国対して適当な「勧告」をするためにその事項を審議しなければならないとしている。

会期中でない場合は、24時間以内に緊急特別会期として会合することができる。(安全保障理事会の９理事国の投票、加盟国の過半数の要請)。

②合憲性について問題となった

第11条２項の「行動」の意味は、国際連合の強制行動を意味するとみるのが当然考えられる解釈。第10条は、総会の一般的権限について規定しているが、総会にも強制措置を勧告しうる権限を与えたと解釈しうる。

第11条４項で、第10条が優先適用されると規定されている。

(4)　集団安全保障から平和維持活動へ

強制措置が発動される場合、武力によるときは実質的に国家間の武力闘争の形態をとらざるをえない。従って、大国やその支持を得る国家が相手である場合には、大戦に発展する可能性がある。更に、そのような状況が起こりえるような強制措置の発動に賛成する国があるかも疑問である。

問題は、加盟国の力を基礎として平和の破壊に当たろうという集団安全保障制度そのものの本質に根ざしているのである。

例えば、1956年のスエズ動乱では、10月31日に、ユーゴスラヴィアが「平和のための結集」決議に基づき、総会（緊急特別総会）へ審議を移すことを提案した。11月2日の国連総会で、即時停戦勧告決議（賛成64・反対5・棄権6の圧倒的な声におされて、英・仏両国は停戦に同意）。世界世論の結集に成功した。

(5) 国際連合の新しい平和維持方式としてクローズアップされたもの（平和維持活動）

(i) 平和維持活動（PKO）が国際連合で用いられるようになったのは、1960年代になってからである。緊張が高まった地域に、関係国家の同意の下に国際連合の権威を象徴する小規模の軍事組織を派遣し、介在させることによって事態を鎮静させ、武力紛争に発展するのを防止する。平和が破壊されるのを「未然に防ぐ」というもの。

(ii) モデル・ケースとしては、スエズ動乱に派遣された国連緊急軍、所謂ユネフ（UNEF）がある。それは、11月2日の国連決議、11月4日の決議、11月5日の国連軍設置の決議による。

(iii) 任務は、敵対行為の停止を確かめ、停戦を監視する。上記では、英・仏・イスラエル軍の秩序ある撤退を保障。エジプト・イスラエル間の境界線をパトロールし、休戦協定が破れないように監視。1967年6月に、ナセル大統領の要請により撤退。

その後、中東情勢が急転。六日戦争勃発によって、ユネフの介在がいかに実効性を持っていたかが証明された。

(iv) 平和維持活動の特徴は、①非強制的な性格、②中立的な性格、③国際連合に直接責任を負う国際的な性格である。

(v) 平和維持活動は、「同意原則」に基礎をおく。すなわち、部隊編成に際しては各国の協力を求めなければならず、発動するためには当事国並びに派遣される現地の国家の同意が必要である。

第7章　武力紛争法

1．侵略戦争違法観と武力紛争

1－1．戦争法について

一般に戦争とは、敵国に自国の意志を強制するための全面的な武力紛争をいう。この中で人道、騎士道精神、貿易上の利益確保などの必要性が高まり、内容の整備と法典化が進んだ。従来はこの法体系を戦時国際法（International Law of War）とよんだ。

正当戦争論の時代に、戦争開始の原因に関する法（jus ad bellum）と実際の敵対行為に関する法（jus in bello）に分けられた。その後、無差別戦争観の時代にjus ad bello の内容が飛躍的に発展したが、第二次世界大戦後の侵略戦争違法観のもとでは、改めてjus ad bellum の重要性が増してきている。

無差別戦争違法観の時代に発展したjus in belloはさらに、戦闘方法や占領、中立にかかわる法規群（the law of The Hague／ハーグまたはヘーグ法体系）と、捕虜や文民などの戦争犠牲者の保護にかかわる法規群（the law of Geneva）に大きく分かれることになった。

侵略戦争違法観のもとでは、上記法規群の有効性は維持されたまま、同時にジュネーヴ追加議定書（１９７７年）のように、両法規群を単一の条約で規定する状況が生じている。これらの法規群の分類は学問上であり、実際は個別具体的な条約が作られ、全体としてこの分野の国際法の発展に寄与している。したがってこの他にも、重点の置きかたの違いで、武力戦争法（law of armed conflicts）や国際人道法（International Humanitarian Law）という分類をするものもいる。

戦争法が有効かつ実効的に成立するためには、軍事的必要性と人道的配慮の二つのバランスがとれていることが重要である。また従来の占領法や中立法も、現代国際法社会が要請している戦争拡大の防止や人道、民主主義の確保といった目的に副うように解釈・適応されなければならない。

論者によっては、侵略戦争違法観のもとでは既に侵略戦争（安保理が判断）は違法化されたのだから、違法行為者（国家）に対しては国際法上何の権利も認めるべきではない、といういわゆる差別適用論を主張するものもいる。しかしそうなると無権利側には捕獲資格さえも認められないので、紛争が非人道化するおそれがある。したがって、たとえ相手が違法行為者であっても、戦争法上の権利義務を認めるほうが合理的であるというのが現在の通説である。

１－２．事実上の戦争（de facto War）

従来は国際法上の戦争とは、戦意（animus belligerendi）を明示または黙示に表明した武力紛争（武力行使）であると定義されてきた。また開戦条約（1907年）では、理由を付した開戦宣言または条件付開戦宣言を含む最後通牒（通告）による戦意の表明を求めている。

この「法上の戦争」（de jure War）に対して「事実上の戦争」（de facto War）とは、上記の戦意の表明なく国家間に戦闘が存在する場合をいう。無差別戦争観の時代では、戦意表明に躊躇することは無かったが、侵略戦争違法観の時代では、戦意表明を回避する場合が多くなっている。その結果、この事実上の戦争にも戦争法が適用されるのかが問題となった。

この問題については、戦後の思想的・概念的大枠を考えると、戦争法の適用が合理的であることに間違いないであろう。実際、４つのジュネーヴ条約の共通第２条では、事実上の戦争にも当該条約が適応されることが定められている。

１－３．国連軍が参戦する場合

国連軍（あるいはそれに準ずる存在）が地域紛争などに参戦する場合、差別適用論の立場から国連軍と相手軍に平等に戦争法を適用するのか、という問題が提起された。国連軍は正義の軍であることを想定しているからである。

これに対して国際法学会（Institut de Droit International）におけるザグレブ決議（1971年）で、無差別適用（戦争法の平等適用／Equal Application of the Law of War）の決議がなされている。同時に、実際に差別適用がなされたと思われる事例は今のところ無いといえる。

また中立法の適用について、本来中立法には人道的考慮は存在していなかった。しかし戦後は侵略戦争が違法化されたため、もはや第三国は中立法に拘束されないという主張がなされた。つまり、中立という地位そのものが存在しないということである。この問題については、中立法適用の余地の無い安保理による強制措置の場合を除けば、中立法の適用は交戦国の範囲を一定限度内に押さえる機能をもつ。また中立法の適用を認めなければ、第三国にとって重大な損害が生ずる可能性が高まり、それによって参戦しなければならなくなることも起こり得る。これは戦争拡大につながる故に、現代国際社会でも中立法の適用は認められる。

1-4. 具体的ルール

具体的な規定は、かなり膨大な量になるので、条約集を参照すること。

この分野の規定は、現実に則して具体的に規定されている。但し、紛争当事国がどの条約に加盟しているかを確かめてからでないと当該条約の適用が出来なくなるので注意すること。

また、第二次世界大戦前に作成された条約における交戦資格者と、戦後に作成された条約における交戦資格者が異なる（増加した）ので、この点にも注意を要する。

１－５．非国際的武力紛争のルール

１－５－１．内戦（Civil War）とは

内戦とは、一国内で権力の奪取や分離独立などのために遂行される武力紛争である。そこには中央政府による国内秩序の維持と、戦闘犠牲者に対する人道的取扱の確保、という２つの要請が混在している。

国内法秩序維持に重きを置けば、適用法は国内法となるが、反乱団体は国内法上の反逆罪を適用され、捕虜の取扱は受けられなくなる。

この問題を解消するために交戦団体の承認（recognition of belligerency）制度が作られたが、これは中央政府と交戦団体を対等の法的地位に置くことになるため、20世紀に入って当該承認の行なわれた例はないといわれている。

1-5-2. 適用法

内戦（非国際的武力紛争）は、これまでの経験から、国際的武力紛争（国家間戦争）よりも非人道的・悲惨な様相を呈することが多い。そこで戦後の4つジュネーヴ条約（1949年）の共通第3条が、非国際的武力紛争における犠牲者の最低限度の人道的保護を規定した。

しかし、この適用にあたって、交戦団体の承認を前提としていないため、叛徒を拘束する法的根拠の問題や、適用される場合の紛争程度の問題などがあり、統一した見解が未だみいだせない。また同第3条は、「紛争当事者の法的地位に影響を及ぼさない」と定めているために、叛徒は依然として国内法上の反乱者（団体）として処罰の対象となる。

さらにジュネーヴ第1追加議定書（1977年）によって、これまで内戦とみなされてきた「民族開放闘争など」は国際的武力紛争の範疇に入ることになった。そこで、これ以外の内戦で、特に大規模な（一部領域を支配するような）内戦を対象として、ジュネーヴ第2追加議定書（1977年）が採択された。だが、当該議定書の適用開始を決定するのは、中央政府となっているために、当該決定を中央政府が行わない場合には、依然として国内法が適用されることになる。その意味で叛徒と中央政府とは対等な法的地位ではないということになる。

1-5-3. 具体的ルール

具体的ルールは条約集を参照のこと。またジュネーヴ法体系の説明も参照すること。非国際的武力紛争による大量の難民をどのように救済したら良いかが現在の緊急問題である。

2．ハーグ法体系とジュネーヴ法体系

2-1．ジュネーヴ法体系

2-1-1．国際人道法（ジュネーヴ法体系）

武力紛争に関する国際法は、いわゆるへーグ（ハーグ）法体系とジュネーヴ法体系に分けられる。前者は第二次大戦前に形成され、戦闘方法に関するルールを中心としている。それに対して後者は戦前戦中の反省に立って戦後に形成され、武力紛争における人間の人道的取扱のルールを中心としている。しかしその本質を見れば、どちらの法体系も人道精神に基づいていることは間違いない。特に第二次大戦後は侵略戦争が違法化されつつも内戦が頻発し、従来の国内問題を国際社会の問題として行われなければならなくなったため、そこにジュネーヴ諸条約を中心とした人道的取扱を根底に置いた法体系が形成されることになった。そのため、この体系は国際人道法とも呼ばれている。

2-1-2. 構成

ジュネーヴ法体系は主に、1949年8月12日にジュネーヴ外交会議で採択された次の4つの条約及びその後の2つの追加議定書から成り立つ。

①「戦地にある軍隊の傷者及び病者の状態の改善に関する条約」（第一条約）

②「海上にある軍隊の傷者、病者及び難船者の状態に関する条約」（第二条約）

③「捕虜の待遇に関する条約」（第三条約）

④「戦時における文民の保護に関する条約」（第四条約）

⑤「1949年8月12日のジュネーヴ諸条約に追加される国際武力紛争の犠牲者の保護に関する議定書」

（ジュネーヴ条約第一追加議定書）

⑥「1949年8月12日のジュネーヴ諸条約に追加される非国際武力紛争の犠牲者の保護に関する議定書」（ジュネーヴ条約第二追加議定書）

1-2-3. 内容

これらの諸条約の根底には、戦闘員と文民の区別という考えがある。

第1条では、紛争当事国は、自国権力内にある軍隊、民兵隊、義勇隊及び組織的抵抗運動団体の構成員、軍隊に随伴するもの（従軍記者、需品供給者など）に対して、性別、人種、国籍、宗教、政治的意見又はその他類似の基準による差別をしてはならないことを定めている。第一追加議定書は、これに軍人であるか文民であるかを問わずに看護を必要とするもので敵対行為を行なわないものを含むことを加えた。

海上における第一条約の同様の規定は第二条約にも規定された。

第三条約は第一条約の対象者（文民を除く）が捕虜の資格を有することを定めた。第一追加議定書は、これらに民族解放戦争などのゲリラ戦を考慮して捕虜資格の拡大をはかっている。つまり、責任ある指導者の下にあるすべての組織された軍隊、集団及び団体を一律に紛争当事国の軍隊とし、同時に軍事行為中は自己を一般住民と区別する義務を課したのである。しかし、戦闘員たる資格をもたない傭兵には捕虜資格を認めていない。捕虜に対する報復は禁止され、暴行・脅迫・侮辱・公衆の好奇心から保護しなければならず、敵対行為終了後は、捕虜は遅滞なく釈放・送還されなければない。

第四条約では、文民保護が定められているが、そこに言う文民とは、同条約第２編の「住民の一般的保護」を除けば、原則として紛争当事国領域及び占領地域内にいる敵対国の国民を意味している。第一追加議定書は、これに無国籍者と難民も被保護者と定めた。文民は人道的に取り扱われなければならず、特に紛争当事国にいる場合には、退去の権利を拒否してはならないこと、占領地内にいる被保護者の強制移送もしくは追放などの禁止が定められた。さらに文民については、戦時における私有財産の尊重、没収禁止の原則が認められる。

上記のほかにジュネーヴ諸条約は、戦時複仇（belligerent reprisal）を大幅に制限するために、条約の保護対象に対する報復行為を一律に禁止し、第一次追加議定書はさらに、文化財・礼拝所、住民の生活必需品、自然環境、原子力発電所などの危険な威力施設等に対する報復も禁止した。またジュネーヴ諸条約は、殺人や拷問、非人道的な生物的実験などといった「重大な違反行為」対して、締結国がそれを捜査し、自国の裁判所に公訴すべきことを定めている（たとえば第三条約第129条、第130条）。これは、従来の戦争犯罪とは別の新しい国際犯罪のカテゴリーを創設したものと理解できる。

このように、現代の国際社会では、武力紛争における人道的取扱がすべての基礎となって、かつその傾向をより一層強めていると言えよう。

1-2-4. 他の条約

以上のほかにも、国際法は害敵手段について一定の制限をもうけており、今日一般に認められている制限には次のようなものがある。

①毒物の使用禁止、②化学・生物学（細菌学）兵器の使用禁止、③核兵器の規制・禁止（核兵器

の配置・使用・実験・拡散防止）、④環境破壊兵器の規制、⑤特定通常兵器の禁止（４００g以下の炸裂弾・焼夷弾・ダムダム弾）、⑥自動触発海底水雷の規制、⑦背信行為の禁止、⑧投降兵、傷病兵に対する攻撃の禁止。

２‐２．ハーグ法体系

２‐２‐１．戦闘員と捕慮資格

①１９０７年の「ハーグ陸戦規則」では、第1条〜第３条で交戦者の資格、捕虜資格を、第４条〜第20条で捕虜の取扱に関しての規定。
②１９２９年の「捕虜の状態改善に関するジュネーヴ条約」
③１９４９年の「捕虜の待遇に関する１９４９年8月12日のジュネーヴ条約」（第三条約）
④１９７７年の「第一追加議定書」などが、規定を有しており、おおむね共通している。

２‐２‐２．捕虜資格

すべての戦闘員について、捕虜資格を認めるための最低限の要件として、「攻撃に従事している間又は攻撃に先立つ軍事行動に従事している間」において、「文民たる住民から区別」されることが求められる。

2-2-3. 捕虜の取扱

1949年の捕虜条約（第三条約）において、詳細な規定がもうけられているので条約集を参照すること。

3. 中立法

国際法上、戦争状態が発生する場合には、戦争に参加しない第三国との間においても、平時状態と異なった法関係が設定される。つまり、交戦当事国に対して中立国としての義務を負わなければならない。そうした中立義務には三種ある。

①黙認義務とは、交戦国が戦争遂行のために行う行為によって自国国民がうける不利益を、戦争法の認めるかぎりにおいて、中立国が黙認しなければならない義務である。

②避止義務とは、中立国が、交戦国の一方に対して、戦争遂行に関する直接または間接の援助を与えてはならない義務いう。

③防止義務とは、その領域が交戦国の戦争目的のために利用されるのを中立国として防止しなければならない義務のことをいう。

こうした中立義務の内容から、国際法上の中立の観念は、二つの要素から成っているということができる。一つは、戦争に対する不干与ということ、もう一つは、交戦国双方に対して公平な立場をとらなければならないということである。また中立は戦禍の拡大を防止するという役割も有している。

（以上）

著者略歴

齋藤　洋（さいとう　ひろし）
中央大学法学部卒業（1983年）
駒澤大学大学院修了（1989年、法学博士）
平成国際大学法学部助教授（1996年）
同大学院法学研究科委員（2000年）
東洋大学法学部助教授（2002年）
同法学部教授（2005年）
同大学院法学研究科委員（2006年）
　この間、駒澤大学、立教大学、早稲田大学などで非常勤講師。
ボローニャ大学 Antonio Cicu 法学研究所研究員
　（2009年4月～2010年3月）

国際法講義編

2010年 4 月24日　第 1 刷発行　　　定価　本体1300円＋税
2011年 3 月24日　第 2 刷発行
2014年 4 月 2 日　第 3 刷発行

著　者　　齋藤　　洋

発行者　　守武　義典

発行所　　株式会社　虹有社
〒112-0011　東京都文京区千石4-24-2-603
電話　03-3944-0230
FAX　03-3944-0231
http://www.kohyusha.co.jp/
info@kohyusha.co.jp

印　刷
製　本　　モリモト印刷株式会社

ISBN 978-4-7709-0053-1